Curso
MAD360

Celador/a

SERVICIO CANARIO DE SALUD

Si aún no dispones de tu **Curso MAD360**, te ofrecemos un acceso GRATIS de 30 días para que disfrutes de los siguientes recursos:

- Técnicas de Memoria 360.
- MADTEST: Test *online* Nivel PRO.
- Temario en formato digital.
- Vídeos y esquemas.
- Planificación de estudio.
- Foro entre opositores hasta la fecha del examen.*
- Recursos y novedades exclusivas.
- Consúltanos sobre tu oposición y proceso selectivo.
- Actualizaciones legislativas (Boletines Oficiales) hasta 60 días antes de la fecha del examen.*

Para acceder a esta prueba del Curso MAD360** será necesaria la compra de todos los libros para esta especialidad de la edición 2025.

Regístrate en **mad.es/iniciar-sesion** y en la pestaña MIS CURSOS valida los códigos que encuentras en la última página de tus libros.

NOTA IMPORTANTE:

* Examen de esta categoría profesional correspondiente a la convocatoria publicada en el BOC n.º 116, de 13 de junio de 2025, o hasta el 31 de octubre de 2026, lo que se cumpla antes, y previa renovación del servicio.

** El acceso al CURSO MAD360 estará disponible desde octubre de 2025 (algunos recursos podrían estar disponibles en fecha posterior). Tendrá una duración de 30 días RENOVABLES mediante pago, desde la validación de códigos, o hasta el 30 de abril de 2027, lo que se cumpla antes.

MAD se reserva el derecho a ampliar dichas fechas.

Celador/a del Servicio Canario de Salud

Septiembre 2025

0330-02X-0-0-0925

Celador/a del Servicio Canario de Salud

Test del temario

Autores

ÁLVARO GARDÓN FERNÁNDEZ
Técnico Especialista
Celador

MIGUEL ÁNGEL ESTÉVEZ FERNÁNDEZ
Jefe de Personal Subalterno

HERMINIA ANDRADES ROMERO
Diplomada en Fisioterapia
Técnico Superior en Imagen para el Diagnóstico

JUAN MANUEL GIL RAMOS
Licenciado en Medicina
Master en Salud Ambiental
Médico Puericultor

M.ª DEL CARMEN SILVA GARCÍA
Diplomada Universitaria en Enfermería
Técnica Especialista de Laboratorio

M.ª JOSÉ GARCÍA BERMEJO
Licenciada en Biología
Técnico Superior en Laboratorio de Diagnóstico Clínico

DOMINGO GÓMEZ MARTÍNEZ
Licenciado en Derecho
Técnico de Función Administrativa

LIDIA PONCE MARTÍNEZ
Licenciada en Psicología

© 7 Editores Recursos para la Cualificación Profesional y el Empleo, S.L. (7 Editores)
© Los autores
Segunda edición, septiembre 2025 (120 páginas)
Derechos de edición reservados a favor de 7 Editores
IMPRESO EN ESPAÑA
Diseño Portada: 7 Editores
Edita: 7 Editores
Avda. San Francisco Javier, 9 · Edificio Sevilla 2 · Planta 11 · Módulos 25-27 · 41018 Sevilla
Teléfono: 954 784 411 · WEB: www.mad.es · e-mail: administracion@7editores.com
ISBN: 978-84-142-9805-3
© "Editorial Mad" y "Eduforma" son nombres comerciales registrados de
7 Editores Recursos para la Cualificación Profesional y el Empleo, S.L.

Queda rigurosamente prohibida la reproducción total o parcial de esta obra por cualquier medio

o procedimiento sin la autorización por escrito del editor.

Índice

Test n.º 1. La atención al usuario en las instituciones sanitarias de la Seguridad Social. La tarjeta individual sanitaria.. 9

Test n.º 2. El personal subalterno: funciones del Celador y del Jefe de Personal Subalterno 17

Test n.º 3. El Servicio de Admisión y vigilancia. Actuación del celador con los familiares de los enfermos. Actuación en las habitaciones de los enfermos y las estancias comunes 25

Test n.º 4. El celador en relación con los enfermos: traslado y movilidad de estos. Técnicas de movilización de pacientes. Traslado de paciente encamado, en camilla y en silla de ruedas. Posiciones anatómicas básicas. Uso y mantenimiento del material auxiliar (grúas, transfer, sillas, camillas, sujeciones, correas…). Actuación del celador en relación con los pacientes terminales. Aseo del paciente... 33

Test n.º 5. Normas de actuación en los quirófanos. Normas de higiene. La esterilización 41

Test n.º 6. Actuación del celador en relación con los pacientes fallecidos. Actuación en las salas de autopsias y los mortuorios............................... 49

Test n.º 7. Los suministros. Suministros internos y externos. Recepción y almacenamiento de mercancías. Organización del almacén. Distribución de pedidos 57

Test n.º 8. Actuación del celador en la farmacia y en el animalario 65

Test n.º 9. El Traslado de documentos y objetos. Manejo y traslado de documentación sanitaria... 73

Test n.º 10. Unidades de psiquiatría. La actuación del celador en relación con el enfermo mental. La actuación del celador ante una urgencia psiquiátrica. Tipos de reducción del paciente psiquiátrico. Traslado psiquiátrico.... 81

Test n.º 11. Actitudes a adoptar ante una emergencia: métodos de traslado, actuación de los celadores en un plan de catástrofes 89

Test n.º 12. Cuidados del enfermo contagioso: tipos de aislamientos 97

Test n.º 13. La actuación del celador en urgencias. El transporte de enfermos en ambulancias 105

Test n.º 14. Material para el transporte sanitario y su utilización. Material de recogida y transporte. Vehículos para el transporte sanitario 113

TEST N.º 1

La atención al usuario en las instituciones sanitarias de la Seguridad Social. La tarjeta individual sanitaria

1. El concepto de servicio para el público está relacionado con una serie de factores; señala cuál de los siguientes no es un factor relacionado:

a) Los elementos tangibles que tienen que ver con la apariencia de las instalaciones y el equipo.
b) El cumplimiento del desarrollo de servicio, de forma correcta y oportuna.
c) Un buen equilibrio emocional.
d) La competencia de los profesionales.

2. ¿Cómo definirías el término intencionalidad tan necesario en la relación interpersonal?

a) Es la idea inicial a partir de la cual se analizará y evaluará la situación, para emitir un juicio sobre lo que nos afecta y así plantear conductas y organizar acciones de acuerdo con la información que se posee.
b) Es la determinación de la voluntad en orden a conseguir un fin u objetivo.
c) Es el hacer consciente que se expresa en objetivos.
d) Es el estado afectivo del ánimo que se produce por causas que lo impresionan vivamente y según el cual se tomarán las decisiones.

3. Ante un usuario agresivo la mejor actitud será:

a) Dar información precisa y correcta sin dejar que se exprese.
b) Intentar calmarlo, escuchar y transmitir compresión.
c) Preocuparse por él, pero no decidir por él.
d) Dar argumentos aclaratorios y tomar la decisión por él.

4. Señala cuál no debe ser una actuación de el/la celador/a frente al profesional:

a) Actuar con naturalidad.
b) Mantener al usuario en suspense.
c) Ser sincero.
d) Emplear el nombre y apellido del usuario.

5. Señala cuál de las siguientes no es una función de la comunicación:

a) Es el medio por el cual se transmite un mensaje.
b) Proporciona la información que los individuos y grupos necesitan para tomar decisiones y evaluar opiniones alternativas.
c) Fomenta la motivación entre las personas.
d) Permite la integración social.

6. Señala cuál de las siguientes es la definición correcta de comunicación aportada por la UNESCO:

a) Proceso mediante el cual se transmite información, sentimientos, pensamientos, y/o cualquier otra cosa que pueda ser transmitida.
b) Proceso en el que intervienen dos elementos: emisor y receptor.
c) Proceso de interacción social, a través de un intercambio equilibrado de información y experiencia entre un emisor y un receptor.
d) Transmisión de señales mediante un código común entre el emisor y receptor.

7. En función del medio o canal la comunicación se clasifica en:

a) Oral, escrita y auditiva.
b) Oral y audiovisual.
c) Oral, por gesto, escrita y por símbolos.
d) Oral, escrita y gestos.

8. Son técnicas activas de comunicación:

a) La escucha activa.
b) Los gestos.
c) La sonrisa.
d) Comunicación impersonal.

9. Señala el enunciado correcto en relación con el feedback de la comunicación:

a) La retroalimentación indica cómo se ha establecido el mensaje entre ambas partes y se comprende lo que se quiere transmitir.
b) A través del *feedback* la fuente puede comprobar en qué grado el mensaje se ha descodificado por el receptor.
c) Cuando se establece comunicación entre emisor y receptor se habla de *feedback*.
d) Todas son correctas.

10. Un ruido es:

a) Una injerencia que tiene el emisor.
b) Una injerencia que tiene el receptor.

c) Una interferencia que tiene el mensaje para llegar a su destino.
d) Un elemento de comunicación.

11. ¿Qué tipo de comunicación emplea el/la celador/a cuando emite el mensaje y una vez que es recibido por el receptor, este ejecuta una tarea?

a) Comunicación transversal.
b) Comunicación vertical.
c) Comunicación participativa.
d) Comunicación unidireccional.

12. Según el canal de comunicación, está no puede ser:

a) Unidireccional.
b) Bidireccional.
c) Interna y externa.
d) Multidireccional.

13. En toda actitud hay una serie de componentes; señala de los siguientes cuál no se relaciona con la la actitud:

a) El cognoscitivo.
b) El afectivo.
c) El educativo.
d) El conductual.

14. ¿Qué aspecto es propio de la escucha activa?

a) No estar en silencio.
b) Atender y demostrarle que se ha entendido y comprendido lo que el enfermo o familiar ha dicho a través de alguna afirmación.
c) Interrumpir a la otra persona para preguntarle sobre lo que nos habla.
d) Responder siempre a lo manifestado por el paciente.

15. La empatía:

a) Es un elemento fundamental en la relación con los celadores.
b) Es ponerse en el lugar del usuario.
c) Es compartir los sentimientos y la realidad del otro.
d) Todas son correctas.

16. La capacidad de expresarse como uno es, de manera clara, libre y sencilla, comunicándose en el momento justo y con la persona indicada se denomina:

a) Escucha activa.
b) Empatía.

c) Sumisión.

d) Asertividad.

17. La información que puede proporcionar el/la celador/a a los familiares acerca del servicio en que se encuentran los pacientes, se refiere a:

a) Datos asistenciales.

b) Datos de tratamiento.

c) Datos de diagnóstico.

d) Ninguna es correcta.

18. Al individuo que habla, gesticula, escribe, pinta, etc., en la comunicación, se le denomina:

a) Mensajero.

b) Fuente.

c) Receptor.

d) Destino.

19. ¿Qué barrera del lenguaje se da por discapacidad física?

a) Neurosis.

b) Alteraciones de la memoria.

c) Ceguera.

d) Psicosis.

20. ¿Qué término se aplica cuando en una relación interpersonal no se consigue lo que se esperaba?

a) Enojo.

b) Frustración.

c) Agresividad.

d) Deserción.

21. ¿Qué es la Tarjeta Sanitaria Individual?

a) Un documento médico que contiene el historial clínico del paciente.

b) Un documento administrativo que permite acceder al SNS.

c) Un seguro privado para servicios médicos.

d) Una identificación fiscal para servicios sociales.

22. ¿Qué datos debe incluir la tarjeta sanitaria en soporte físico?

a) Solo el nombre y apellidos.

b) Información clínica completa.

c) Código CIP-SNS, nombre, CITE, entre otros.

d) Solo número de la Seguridad Social.

23. ¿Qué institución es responsable de emitir la TSI en cada territorio?

a) Ministerio de Sanidad.
b) El Centro de Salud.
c) Las Administraciones Sanitarias competentes.
d) El Ayuntamiento correspondiente.

24. ¿Cuál es el formato adicional reciente en que se puede emitir la tarjeta sanitaria?

a) Carné plastificado.
b) Documento de identidad.
c) Versión digital o virtual.
d) Certificado médico.

25. ¿Qué nuevo decreto regula actualmente la tarjeta sanitaria individual?

a) RD 156/2001.
b) RD 183/2004.
c) RD 183/2004 modificado por RD 922/2024.
d) RD 7810/1997.

En MADTEST tienes **más preguntas de este tema**, y todos tus avances quedan registrados y se reflejan en el ranking.

¡Supera tus límites con MADTEST!

Solución al test n.º 1

1. c) Un buen equilibrio emocional.

2. b) Es la determinación de la voluntad en orden a conseguir un fin u objetivo.

3. b) Intentar calmarlo, escuchándole, y transmitir compresión.

4. b) Mantener al usuario en suspense.

5. a) Es el medio por el cual se transmite un mensaje.

6. c) Proceso de interacción social, a través de un intercambio equilibrado de información y experiencia entre un emisor y un receptor.

7. c) Oral, por gesto, escrita y por símbolos.

8. a) La escucha activa.

9. d) Todas son correctas.

10. c) Interferencia que tiene el mensaje para llegar a su destino.

11. b) Comunicación vertical.

12. c) Interna y externa.

13. c) Educativo.

14. b) Atender y demostrarle que se ha entendido y comprendido lo que el enfermo o familiar ha dicho a través de alguna afirmación.

15. d) Todas son correctas.

16. d) Asertividad.

17. d) Ninguna es correcta.

18. b) Fuente.

19. c) Ceguera.

20. b) Frustración.

21. b) Un documento administrativo que permite acceder al SNS.

22. c) Código CIP-SNS, nombre, CITE, entre otros.

23. c) Las Administraciones Sanitarias competentes.

24. c) Versión digital o virtual.

25. c) RD 183/2004 modificado por RD 922/2024.

TEST N.º 2

El personal subalterno: funciones del Celador y del Jefe de Personal Subalterno

1. ¿Cuál de las siguientes afirmaciones es correcta sobre el personal subalterno en la sanidad española?

a) El personal subalterno realiza tareas técnicas sin supervisión.
b) El personal subalterno se enmarca en una categoría homogénea.
c) Las funciones del personal subalterno dependen del puesto de trabajo ocupado y se realizan bajo supervisión.
d) En la sanidad española, el personal subalterno no se divide en escalas ni clases.

2. Los celadores/as, en el ejercicio de sus funciones:

a) Darán cuenta a los familiares y visitantes sobre diagnósticos, exploraciones y tratamientos.
b) Desempeñará tareas técnicas sanitarias específicas.
c) Harán los servicios de guardia que correspondan dentro de los turnos que se establezcan.
d) Hará cumplir las órdenes a sus compañeros.

3. Cuando el/la celador/a observe desperfectos o anomalías en la limpieza y conservación del edificio y material, lo deberá comunicar:

a) Al jefe de subalternos.
b) Al jefe de turnos.
c) Al personal de limpieza.
d) Al/a la responsable de planta o unidad donde ocurra el incidente.

4. Según el Estatuto de 1971, ¿cuál de las siguientes opciones describe correctamente las áreas de funciones del celador/a?

a) Las funciones del celador/a se dividen en tres áreas: guardia y vigilancia, cuidado del paciente, y tareas propias específicas.
b) Las funciones del celador/a solo se dividen en dos áreas: guardia y vigilancia, y cuidado del paciente.

c) Las funciones del celador/a se dividen en cuatro áreas: guardia y vigilancia, cuidado del paciente, tareas propias específicas, y administración.

d) Las funciones del celador/a no se dividen en áreas específicas.

5. Según el Estatuto de Personal no sanitario, ¿cuándo deberán los celadores realizar labores de limpieza de manera excepcional?

a) Nunca, no es función propia de un celador.

b) Cuando exista saturación de trabajo en el servicio en el que se encuentre y así se le encomiende.

c) Cuando su realización por el personal femenino no sea idónea o decorosa.

d) Cuando exista escasez de personal.

6. ¿Quién tendrá a su cargo a los enfermos durante el traslado, tanto dentro de la Institución como en el servicio de ambulancias?

a) El TCAE.

b) El/la enfermero/a responsable del paciente.

c) El/la médico/a de la unidad a la que pertenece el paciente.

d) El/la celador/a.

7. ¿En qué casos deberá el/la celador/a ayudar a los/as enfermeros/as y ayudantes de planta al movimiento y traslado de los enfermos/as encamados/as?

a) Siempre, esa es una de sus funciones primordiales.

b) Cuando requieran un trato especial en razón de sus dolencias para hacerles las camas.

c) Siempre que se le ordene desde admisión.

d) Cuando así lo solicite el/la paciente.

8. Una vez que ha terminado una autopsia, el/la celador/a deberá:

a) Limpiar la mesa pero no la sala, cuya limpieza corresponde al personal de limpieza.

b) Auxiliar a los técnicos haciendo uso del instrumental sobre el cadáver si fuera necesario.

c) Limpiar la mesa y la sala de autopsias.

d) Limpiar el cadáver haciendo uso de instrumental.

9. ¿Cuándo deberán ayudar los/as celadores/as en la práctica de autopsias?

a) Cuando el Jefe del Servicio no tenga ayudante.

b) Cuando le sea ordenado por la Supervisora de planta.

c) Deberá negarse porque no es función propia de su puesto.

d) Cuando sus funciones no requieran hacer uso de instrumental sobre el cadáver.

10. ¿Quién debe encomendar a los/as celadores/as que bañen a los enfermos masculinos encamados o que no puedan realizarlo por sí mismos?

a) El Jefe de Personal Subalterno.
b) Las Supervisoras de planta o servicio o personas que las sustituyan.
c) El/la enfermero/a de planta.
d) El TCAE.

11. ¿Quién delegará sus funciones en el jefe de personal subalterno?

a) La supervisora de enfermería.
b) El Jefe de Subalternos.
c) El Director de Gestión y Servicios Generales.
d) El Jefe de Personal de Oficio.

12. Es función del Jefe de Personal Subalterno:

a) Vigilar el comportamiento de pacientes y visitantes en la Institución.
b) Vigilar las entradas de la Institución, no permitiendo el acceso a sus dependencias más que a las personas autorizadas para ello.
c) Controlar los paquetes y bultos de que sean portadoras las personas ajenas a la Institución que tengan acceso a la misma.
d) Realizar personalmente la limpieza de la Institución.

13. ¿De quién es la responsabilidad de que el personal de oficio y subalterno cumpla el horario establecido en la Institución y permanezca constantemente en su puesto de trabajo?

a) Del Director de Gestión.
b) Del Vigilante de Seguridad.
c) Del Celador de Puerta.
d) Del Jefe de Personal Subalterno.

14. Que función no corresponde al celador/a:

a) Vela continuamente por conseguir el mayor orden y silencio posible en todas las dependencias de la institución.
b) Baña a los enfermos masculinos cuando no puedan hacerlo por sí mismos.
c) Servir de ascensoristas cuando las necesidades del servicio lo requieran.
d) Vigilar personalmente la limpieza de la Institución.

15. ¿Cómo se llama la unidad asistencial que, bajo la responsabilidad de un médico especialista, está dedicada al diagnóstico y tratamiento de las enfermedades utilizando como soporte técnico fundamentalmente las imágenes y datos funcionales obtenidos por medio de radiaciones ionizantes o no ionizantes y otras fuentes de energía?

a) Extracciones.
b) Medicina Nuclear.
c) Radioterapia.
d) Radiología.

16. Señala la respuesta incorrecta. La capacidad para dirigir un equipo se pone de relieve en la consecución de los objetivos de:

a) Orientar a los subordinados.
b) Motivar a los subordinados.
c) Guiar a los subordinados.
d) Evaluar a los subordinados.

17. En la organización de los grupos de trabajo:

a) Prima la jerarquía.
b) No existe responsable del grupo.
c) La jerarquía es mediana, pero importante.
d) Todas las categorías laborales funcionan con igualdad.

18. En un equipo de trabajo:

a) Su organización es muy jerárquica.
b) Cada miembro puede tener una manera particular de funcionar.
c) Es necesario que posean todos sus miembros la misma profesión.
d) Es necesaria la coordinación.

19. ¿Qué se define como la integración de elementos que da como resultado algo más grande que la simple suma de estos?

a) Antagonismo.
b) Coordinación.
c) Indiferencia.
d) Sinergia.

20. ¿Cómo se denomina la acción encaminada a impulsar el comportamiento de otras personas en una determinada dirección, que se estima conveniente, dentro de un equipo de trabajo eficiente?

a) Acción de liderazgo.
b) Excitabilidad del equipo.
c) Eficiencia de constatación.
d) Motivación-Incentivación.

21. Un clima favorable de trabajo en un equipo de salud debe cumplir todo lo que se expone excepto:

a) Que en él los integrantes trabajen en armonía.
b) Trabajo cordial.
c) Sus integrantes no están involucrados con los resultados del conjunto.
d) Trabajo transparente.

22. ¿En qué fase del proceso de un equipo de trabajo se da frecuentemente la disponibilidad, la visión positiva, la ilusión ante un proyecto y el mantenimiento de relaciones cordiales entre los miembros?

a) En la fase de inicio.
b) En la fase de primeras dificultades.
c) En la fase de agotamiento.
d) En ninguna de las anteriores.

23. ¿Qué rol consideras que es funcional de producción en un equipo de trabajo?

a) El crítico.
b) El iniciador.
c) El pícaro.
d) El negativo.

24. ¿Qué rol consideras funcional en un equipo de trabajo?

a) El crítico.
b) El negativo.
c) El pícaro.
d) El intelectual.

25. ¿Qué característica del líder de un grupo multidisciplinario no es cierta?

a) Ha de ocupar una posición de autoridad legítima.
b) Debe poseer unos conocimientos técnicos que sustenten y respalden su tarea directiva.
c) No debe estar dotado de un poder coercitivo, aunque sí premiador.
d) A nivel emocional debe ser un individuo equilibrado.

En MADTEST tienes **más preguntas de este tema**, y todos tus avances quedan registrados y se reflejan en el ranking.

¡Supera tus límites con MADTEST!

Solución al test n.º 2

1. c) Las funciones del personal subalterno dependen del puesto de trabajo ocupado y se realizan bajo supervisión.

2. c) Harán los servicios de guardia que correspondan dentro de los turnos que se establezcan.

3. a) Al jefe de subalternos.

4. a) Las funciones del celador/a se dividen en tres áreas: guardia y vigilancia, cuidado del paciente, y tareas propias específicas.

5. c) Cuando su realización por el personal femenino no sea idónea o decorosa.

6. d) El/la celador/a.

7. b) Cuando requieran un trato especial en razón de sus dolencias para hacerles las camas.

8. c) Limpiar la mesa y la sala de autopsias.

9. d) Cuando sus funciones no requieran hacer uso de instrumental sobre el cadáver.

10. b) Las Supervisoras de planta o servicio o personas que las sustituyan.

11. c) El Director de Gestión y Servicios Generales.

12. c) Controlar los paquetes y bultos de que sean portadoras las personas ajenas a la Institución que tengan acceso a la misma.

13. d) Del Jefe de Personal Subalterno.

14. d) Vigilará personalmente la limpieza de la Institución.

15. d) Radiología.

16. d) Evaluar a los subordinados.

17. a) Prima la jerarquía.

18. d) Es necesaria la coordinación.

19. d) Sinergia.

20. d) Motivación-Incentivación.

21. c) Sus integrantes no están involucrados con los resultados del conjunto.

22. a) En la fase de inicio.

23. b) El iniciador.

24. d) El intelectual.

25. c) No debe estar dotado de un poder coercitivo, aunque sí premiador.

TEST N.º 3

El Servicio de Admisión y vigilancia. Actuación del celador con los familiares de los enfermos. Actuación en las habitaciones de los enfermos y las estancias comunes

1. En el ámbito de la Salud Mental, la admisión de los enfermos psiquiátricos ha de ser valorada por:

a) Una Comisión de Admisión de Enfermos.
b) El Servicio de Recepción de Salud Mental.
c) El Servicio de Recursos Humanos.
d) Una Comisión de Admisión de Enfermeros.

2. Dentro de la Unidad de Admisión, la Admisión de consultas externas, se realizará en régimen:

a) Extraordinario.
b) De Hospitalización.
c) De asistencia de Urgencias.
d) Ambulatorio.

3. La Unidad de Admisión dentro del Hospital no es responsable de:

a) La atención y la orientación al usuario durante su estancia en el centro sanitario.
b) La recepción y citación de los pacientes para Consultas Externas.
c) La recepción y registro de las urgencias.
d) La recepción, formalización del ingreso y asignación de cama a los pacientes que van a ser hospitalizados.

4. ¿De quién depende directamente en términos generales el Servicio de admisión de un hospital, siempre que esta entidad exista?

a) De la Gerencia del hospital.
b) De la División médica.
c) De la División de enfermería.
d) De la Subgerencia del área asistencial.

5. ¿De quién depende directamente el Servicio de admisión de un hospital, si en los mismos no existe Gerencia?

a) De la División de gestión y mantenimiento.
b) De la División médica.
c) De la División de enfermería.
d) De la División farmacéutica.

6. La asignación de camas en particular y todo ingreso o consulta en el hospital en general, se realizará siempre a través:

a) Del Servicio de Enfermería.
b) Del Servicio de Celadores.
c) Del Servicio de Admisión.
d) Del Servicio de Gestión de recursos humanos.

7. ¿Dónde se ubicará al paciente en admisión a nivel organizativo, si este requiere habitación con cama, y en ese momento no hay disponibilidad de las mismas en una situación ordinaria (no urgente)?

a) En la sala de espera.
b) En consultas externas.
c) En observación.
d) En lista de espera.

8. ¿Cómo se elaborará el censo de camas ocupadas en un hospital?

a) Valorando las que podrían ocuparse en un día, menos las que se ocupan realmente.
b) Restando al número de camas totales de un hospital, las que están disponibles en ese día.
c) Restando al número de camas disponibles de un hospital, las que están ocupadas en ese día.
d) Restando al número de camas ocupadas, las que están disponibles en ese día.

9. ¿Qué Servicio es el responsable de conocer la exacta localización de un paciente dentro del hospital?

a) El Servicio de Atención al paciente.
b) El Servicio de Radiología.
c) El Servicio de Admisión.
d) El Servicio de Gestión de Celadores.

10. La lista de espera en cuanto a disponibilidad de camas en un hospital se actualizará:

a) Constantemente.
b) Cada tres días.
c) Cada semana.
d) Cada mes.

11. ¿Qué función de estas no desempeña la Unidad de Admisión de urgencias en la recepción y registro de los pacientes?

a) Datos de filiación del paciente (nombre y apellidos, edad, sexo, domicilio…).
b) Persona que lo remite a urgencias: médico de familia, especialista, autoridad, o por propia iniciativa.
c) Motivo de la urgencia.
d) Fecha del alta y causa de la misma: curación, alta voluntaria, traslado a otro centro, defunción u otras causas.

12. ¿Qué tipo de asistencia se lleva a cabo en las consultas externas del Hospital reciban o no después el régimen de hospitalización?

a) Asistencia Primaria.
b) Asistencia Especializada.
c) Asistencia Ambulatoria.
d) Asistencia Derivada.

13. ¿Por qué Plan se regirá la Admisión de Consultas en un Hospital?

a) Se regirá por el Plan de Organización de las Consultas Externas.
b) Se regirá por el Plan de Organización de las Consultas Internas.
c) Se regirá por el Plan de Organización de las Consultas de Urgencias.
d) Se regirá por el Plan de Organización de las Consultas Externas, Internas y de Urgencias.

14. ¿De quién depende y está adscrito por normativa el Servicio de Atención al Paciente (SAP) a nivel hospitalario?

a) De la División Médica.
b) De la Gerencia.
c) De la División de Enfermería.
d) Del Servicio Provincial de Salud.

15. Para el traslado de un paciente es necesario:

a) Que este lo realice con comodidad.

b) Llevarlo a cabo en el tiempo que sea necesario, impidiendo que se haga en la menor duración posible, ya que se podrían producir accidentes de tráfico.

c) El Celador supervisará cómo los familiares le ayudan a acomodarse dentro del vehículo.

d) Los traslados dentro del mismo hospital, de un servicio a otro, no exige que el servicio de Admisión lo autorice.

16. ¿Para qué tipo de pacientes se emplea la cama de levitación?

a) En fractura de miembros superiores.

b) En grandes quemados.

c) En enfermos con úlceras por presión.

d) Las opciones b) y c) son correctas.

17. ¿Qué función posee la barra de tracción?

a) Protector de metal lateral, que evita caídas del enfermo de la cama.

b) Dar mayor rigidez a la cama hospitalaria.

c) Facilitar la incorporación del enfermo.

d) Adaptar al paciente a la cabecera de la cama.

18. ¿Cuál de estos elementos es el primero en el orden de lencería?

a) Hule.

b) Entremetida.

c) Manta.

d) Colcha.

19. ¿Qué número de Celador es recomendable para la técnica de hacer la cama ocupada?

a) Ninguno, ya que se encarga el celador.

b) Uno.

c) Dos.

d) Tres.

20. ¿Qué elementos de estos no puede haber en una cama quirúrgica?

a) Hule o protector.

b) Entremetida.

c) Colchón.

d) Almohada.

21. ¿Quién es el/la responsable del funcionamiento de la planta de hospitalización?

a) La gobernanta.
b) La supervisora de enfermería.
c) El médico de la unidad.
d) La enfermera de planta.

22. ¿De quién deben recibir instrucciones los celadores o las celadoras para bañar a los enfermos masculinos cuando no puedan hacerlo por sí mismos?

a) Del TCAE.
b) Del Ayudante de Planta.
c) De las Supervisoras de plantas o servicios o personas que las sustituyan.
d) De la enfermera responsable.

23. El celador o celadora tiene una serie de funciones a desarrollar. De las siguientes, indica la que le corresponde:

a) Informar a los familiares acerca del estado clínico del paciente.
b) Vigilar que se cumplan las normas y se mantenga el orden de las instalaciones.
c) Autorizar el alta de un paciente.
d) Completar los datos de la historia clínica.

24. Cuando el celador o la celadora observen desperfectos o anomalías que haya en la limpieza y conservación del edificio y material deberán comunicarlo a:

a) El personal de limpieza.
b) Sus compañeros.
c) Sus inmediatos superiores.
d) El jefe adjunto a urgencias.

25. En relación con los pacientes fallecidos, la actuación del celador o la celadora se centrará en:

a) Ayudar al personal encargado a amortajar y trasladar el cadáver hasta el mortuorio.
b) Movilizar y asear el cadáver.
c) Informar a las familias sobre el fallecimiento.
d) Cumplimentar los datos de los informes de fallecimiento.

En MADTEST tienes **más preguntas de este tema**, y todos tus avances quedan registrados y se reflejan en el ranking.

¡Supera tus límites con MADTEST!

Solución al test n.º 3

1. a) Una Comisión de Admisión de Enfermos.

2. d) Ambulatorio.

3. a) La atención y la orientación al usuario durante su estancia en el centro sanitario.

4. a) De la Gerencia del hospital.

5. b) De la División médica.

6. c) Del Servicio de Admisión.

7. d) En lista de espera.

8. b) Restando al número de camas totales de un hospital, las que están disponibles en ese día.

9. c) El Servicio de Admisión.

10. a) Constantemente.

11. d) Fecha del alta y causa de la misma: curación, alta voluntaria, traslado a otro centro, defunción u otras causas.

12. c) Asistencia Ambulatoria.

13. a) Se regirá por el Plan de Organización de las Consultas Externas.

14. b) De la Gerencia.

15. a) Que este lo realice con comodidad.

16. d) Las opciones b) y c) son correctas.

17. c) Facilitar la incorporación del enfermo.

18. a) Hule.

19. c) Dos.

20. d) Almohada.

21. b) La supervisora de enfermería.

22. c) De las Supervisoras de plantas o servicios o personas que las sustituyan.

23. b) Vigilar que se cumplan las normas y se mantenga el orden de las instalaciones.

24. c) Sus inmediatos superiores.

25. a) Ayudar al personal encargado a amortajar y trasladar el cadáver hasta el mortuorio.

TEST N.º 4

El celador en relación con los enfermos: traslado y movilidad de estos. Técnicas de movilización de pacientes. Traslado de paciente encamado, en camilla y en silla de ruedas. Posiciones anatómicas básicas. Uso y mantenimiento del material auxiliar (grúas, transfer, sillas, camillas, sujeciones, correas…). Actuación del celador en relación con los pacientes terminales. Aseo del paciente

1. Los ejes longitudinal y sagital forman el plano:

a) Frontal.
b) Transversal.
c) Horizontal.
d) Sagital.

2. ¿Dónde se localiza la cavidad pélvica?

a) En la cavidad torácica.
b) En la cavidad pleural.
c) En la cavidad peritoneal.
d) En la cavidad abdominal.

3. El movimiento de la imagen se denomina:

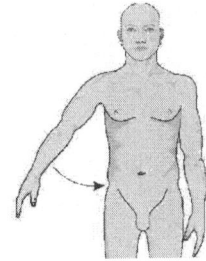

a) Abducción.
b) Aducción.
c) Flexión.
d) Rotación.

4. ¿Qué material de estos no es necesario para realizar los cambios posturales del paciente?

a) Almohadas, cojines y ropa limpia.
b) Férulas y a veces protectores de protuberancia.
c) Jabón y antisépticos.
d) Son todos necesarios.

5. Los cambios posturales del enfermo encamado para prevenir la aparición de úlceras se efectuarán cada:

a) 2-3 horas.
b) 4-5 horas.
c) 6-8 horas.
d) 12 horas.

6. ¿Qué es falso de la posición de decúbito supino?

a) Es una posición utilizada para la exploración del tórax, abdomen, piernas y pies.
b) Se emplea para comenzar con la higiene del enfermo y como punto de partida para diferentes movilizaciones.
c) El plano del cuerpo es paralelo al plano del suelo y al plano horizontal de la cama o camilla.
d) Sus piernas están extendidas y sus brazos alineados a lo largo del cuerpo, estando el paciente acostado sobre su abdomen y pecho.

7. La posición semiprona es:

a) La posición de Fowler.
b) La posición de semiFowler.
c) La posición de Roser.
d) La posición de Sims.

8. Ante situaciones de shock (especialmente hipovolémico) o en casos de lipotimias, hay que colocar al paciente en la posición de:

a) Trendelenburg.
b) Morestin.
c) Roser.
d) Fowler.

9. La posición mahometana es:

a) La posición de litotomía.
b) La posición de Fowler.
c) La posición de Morestin.
d) La posición genupectoral.

10. Cuando la movilización la realiza el propio paciente con la supervisión (sin ayuda física) del profesional sanitario, se dice que es:

a) Activa.
b) Activa auxiliada.
c) Pasiva supervisada.
d) Pasiva.

11. Las movilizaciones realizadas por el fisioterapeuta sobre los distintos segmentos corporales del paciente se denominan:

a) Inmovilizadas.
b) Activas contrarresistencia.
c) Pasivas.
d) Activas con resistencia.

12. ¿Qué consecuencia sobre la función respiratoria es cierta por el inmovilismo?

a) Aumento en los requerimientos de oxígeno.
b) Aumenta la capacidad respiratoria.
c) Se tiende instintivamente a respirar de forma más rápida y superficial.
d) Hay una estasis de secreciones, que puede acumularse y favorecer el medio para el crecimiento bacteriano.

13. Las úlceras por presión se evitan:

a) Con una sistemática de cambios posturales frecuentes.
b) La necesidad de una aplicación adecuada de buenas posiciones no es prioritaria.
c) Tomando todos los días la medicación recomendada.
d) Son ciertas las respuestas a) y c).

14. ¿Qué maniobra es la primera que hay que hacer si queremos transferir un enfermo de la cama a un sillón?

a) Colocar el sillón paralelo a la cama y a la altura de los pies.
b) Colocar al paciente en la orilla de la cama.
c) Sentar al paciente en la cama con las piernas por fuera.
d) Colocar el sillón paralelo al familiar del paciente.

15. ¿Cómo se denominan los pacientes que sufren parálisis de las extremidades inferiores y superiores?

a) Hemipléjicos.
b) Hemiparésicos.
c) Tetrapléjicos.
d) Paraparésicos.

16. En el aseo del paciente en cama:

a) Se desnuda completamente al paciente.
b) Se lavan las zonas varias veces.
c) Se lava por zonas una sola vez.
d) Se enjabona y aclara el cuerpo todo de una vez.

17. ¿Qué cuestión no se pretende con un correcto aseo del paciente?

a) Conservar el buen estado de la piel, eliminando la suciedad, el mal olor y el sudor.
b) Cubrir parte de las necesidades de seguridad del paciente al prevenir la aparición de infecciones.
c) Refrescar al paciente, para que sienta sensación de confort y bienestar.
d) Evitar la necesidad de aseo en los genitales varias veces al día, debido a su efecto yatrogénico.

18. ¿Qué material de estos incluirías dentro de los elementos de protección respecto a la higiene de la piel?

a) Ropa del enfermo.
b) Sábana pequeña.
c) Palangana.
d) Cuña.

19. El lavado de cabellos del paciente debe realizarse aproximadamente:

a) Todos los días.
b) Cada tres días.
c) Una vez a la semana.
d) Depende de la suciedad que este tenga.

20. El orinal plano es un material o elemento de:

a) Evacuación.
b) Protección.
c) Lavado.
d) Recambio.

21. ¿Qué afirmación es incorrecta del vestido y desvestido del enfermo?

a) Al paciente hay que taparlo con una toalla o con la sábana a la hora de desnudarlo.
b) El camisón se retira por la cadera, hasta miembros inferiores, sacándolo por debajo de los pies.
c) El Celador debe colocarse guantes para realizar este procedimiento.
d) La chaqueta del pijama se desabrocha y se saca primero un brazo y después el otro.

22. ¿Qué cuestión no es cierta en la recogida de excretas?

a) Las mujeres pueden usar las cuñas, tanto para miccionar como para defecar.
b) Las cuñas empleadas fundamentalmente en recogida de excretas son de plástico o acero.
c) El procedimiento del uso de la cuña no tiene por qué explicarlo el Celador.
d) Hay cuñas especiales para pacientes traumatizados, siendo generalmente de menor altura para favorecer su colocación.

23. Los aseos de los enfermos podrán ser realizados:

a) En ducha, bañera y cama.
b) En bañera y cama.
c) En ducha y cama.
d) De pie y acostado.

24. Cuando se asea a un paciente en la bañera, se debe comprobar la temperatura del agua con:

a) Termómetro de baño.
b) El codo.
c) La mano.
d) Todas las respuestas son correctas.

25. Cuando el enfermo se encuentre encamado, el baño completo en cama:

a) No debe realizarse en ningún caso.
b) Debe realizarse solo en casos excepcionales.
c) Debe realizarse todos los días y las veces que sea necesario.
d) Debe realizarse una vez al día.

En MADTEST tienes **más preguntas de este tema**, y todos tus avances quedan registrados y se reflejan en el ranking.

¡Supera tus límites con MADTEST!

Solución al test n.º 4

1. d) Sagital.

2. d) En la cavidad abdominal.

3. b) Adducción.

4. c) Jabón y antisépticos.

5. a) 2-3 horas.

6. d) Sus piernas están extendidas y sus brazos alineados a lo largo del cuerpo, estando el paciente acostado sobre su abdomen y pecho.

7. d) La posición de Sims.

8. a) Trendelenburg.

9. d) La posición genupectoral.

10. a) Activa.

11. c) Pasivas.

12. d) Hay una estasis de secreciones, que puede acumularse y favorecer el medio para el crecimiento bacteriano.

13. a) Con una sistemática de cambios posturales frecuentes.

14. a) Colocar el sillón paralelo a la cama y a la altura de los pies.

15. c) Tetrapléjicos.

16. c) Se lava por zonas una sola vez.

17. d) Evitar la necesidad de aseo en los genitales varias veces al día, debido a su efecto yatrogénico.

18. b) Sábana pequeña.

19. c) Una vez a la semana.

20. a) Evacuación.

21. b) El camisón se retira por la cadera, hasta miembros inferiores, sacándolo por debajo de los pies.

22. c) El procedimiento del uso de la cuña no tiene por qué explicarlo el Celador.

23. a) En ducha, bañera y cama.

24. a) Termómetro de baño.

25. c) Debe realizarse todos los días y las veces que sea necesario.

TEST N.º 5

Normas de actuación en los quirófanos. Normas de higiene. La esterilización

1. Al período de tiempo que transcurre desde que un paciente va a ser intervenido, se prepara la intervención, se realiza la misma y hasta que es dado de alta en el hospital, se le conoce con el nombre de:

a) Preoperatorio.
b) Perioperatorio.
c) Postoperatorio.
d) Operatorio.

2. Señala la respuesta incorrecta. Los celadores de quirófano auxiliarán en todas aquellas tareas que les sean propias además de las que les sean ordenadas por los siguientes profesionales:

a) El personal de mantenimiento.
b) Médicos.
c) Supervisores.
d) Enfermeras.

3. La desinfección que solo es activa frente a virus lipídicos de tamaño medio, bacterias en forma vegetativa y hongos, es de:

a) Alto nivel.
b) Nivel intermedio.
c) Bajo nivel.
d) Depende de la concentración del desinfectante.

4. Indica cuál de las siguientes soluciones es apta para el lavado de manos quirúrgico:

a) Yodo + alcohol etílico.
b) Hexaclorofeno.
c) Hipoclorito sódico.
d) Clorhexidina.

5. ¿Cómo se llama la solución que se utiliza para destruir microorganismos en un tejido vivo?

a) Desinfectante.
b) Esterilizador.
c) Aséptico.
d) Antiséptico.

6. El material esterilizado que se vaya a almacenar en las plantas del hospital debe ser utilizado:

a) En tres meses.
b) En seis meses.
c) En 24-48 horas.
d) En doce meses.

7. Si el centro hospitalario recomienda encarecidamente que se extremen las normas generales de asepsia, pide mayor práctica en:

a) El uso de mascarillas de alta resolución.
b) El lavado de manos.
c) La vacunación normativa.
d) La revisión a través del Servicio de Medicina Preventiva.

8. ¿En qué grupo de cirugía incluirías aquella que pretende corregir deformidades, como por ejemplo una escoliosis verdadera?

a) Diagnóstica.
b) Curativa.
c) Reconstructiva.
d) Estética.

9. Una intervención de tipo paliativo es aquella:

a) Que fortalece las zonas debilitadas, o pretende volver a unir zonas anatómicas que se encuentran separadas o tiene por objeto corregir deformidades.
b) Que alivia los síntomas de un determinado proceso, sin curar la enfermedad.
c) Que se utiliza para determinar la causa de los síntomas.
d) Que busca mejorar el aspecto físico.

10. ¿Qué etapa de tiempo abarca en los cuidados quirúrgicos, aquel que va desde el momento en que el paciente acepta someterse al tratamiento quirúrgico que se le ha prescrito, hasta su traslado al quirófano donde será intervenido?

a) Fase propiamente quirúrgica.
b) Fase preoperatoria.

c) Fase transoperatoria.
d) Fase posoperatoria.

11. El antequirófano pertenece a la zona quirúrgica:

a) Sin limitación de acceso.
b) Semilimitada.
c) Limitada.
d) Prohibida.

12. ¿Qué tipo de agentes utiliza más frecuentemente la asepsia para conseguir matar y eliminar los microorganismos?

a) Agentes mecánicos.
b) Agentes físicos.
c) Agentes biológicos.
d) Agentes químicos.

13. ¿Cuándo dirías qué existe enfermedad infecciosa?

a) Cuando se produce la invasión y entrada en el organismo humano de agentes extraños vivos.
b) Cuando el agente infeccioso crece y prolifera invadiendo tejidos y células del organismo.
c) Cuando el agente infeccioso coloniza un órgano, aparato o/y la globalidad de nuestra corporalidad.
d) Cuando aparecen signos y síntomas como consecuencia de la infección.

14. ¿Cómo se denomina la desinfección que se realiza cuando se ha producido el alta del paciente y las circunstancias lo indican?

a) Desinfección definitiva.
b) Desinfección final.
c) Desinfección concurrente.
d) Desinfección altísima.

15. ¿Cómo se denomina la técnica de desinfección que consiste en sumergir en agua a la temperatura de ebullición el material que se quiere desinfectar?

a) Hervido.
b) Pasteurización.
c) Uperización.
d) Técnica UHT.

16. ¿Qué tiempo requiere el glutaraldehído al 2 % para que lleve a cabo una desinfección por inmersión del material objeto de dicho procedimiento?

a) 1 h.
b) 10 h.
c) 20 minutos.
d) 30 segundos.

17. ¿A qué presión irá el autoclave (en atmósferas) como medio de esterilización de material si se utiliza a 120 ºC?

a) 1 atmósfera.
b) 2 atmósferas.
c) 3 atmósferas.
d) 4 atmósferas.

18. ¿Cuál de las siguientes ventajas e inconvenientes del autoclave es falsa?

a) Es un medio de esterilizar barato, sencillo, rápido y eficaz.
b) Es aplicable a una gran gama de materiales.
c) Las altas temperaturas de la técnica desestructura el material.
d) Son correctas todas las respuestas anteriores.

19. ¿Qué material de estos no puede esterilizarse en autoclave?

a) Guantes de goma.
b) Bateas metálicas.
c) Ropa.
d) Envase de medios de cultivo.

20. ¿En cuál de estas técnicas de esterilización no son utilizados los métodos químicos?

a) En óxido de etileno.
b) En glutaraldehído.
c) En formol.
d) En el flameado.

21. ¿Qué área del hospital es el mayor cliente del Servicio de esterilización?

a) Área de celadores.
b) Área quirúrgica.
c) Área pediátrica.
d) Área de Medicina Interna.

22. ¿Qué riesgo específico lo incluirías como químico en el servicio de esterilización?

a) Eczema por utilizar determinados productos químicos.
b) Quemaduras en autoclave.
c) Descarga eléctrica.
d) Lesión muscular por levantamiento de peso.

23. ¿En qué momento en la práctica diaria debe realizarse el lavado de manos por primera vez en la jornada?

a) Al llegar al trabajo.
b) Después de quitarse los guantes.
c) Después de utilizar los servicios.
d) Al terminar la jornada.

24. ¿Cuál es el antiséptico más empleado para el lavado quirúrgico de manos?

a) Povidona yodada al 75 %.
b) Clorhexidina al 4 %.
c) Suero fisiológico.
d) Alcohol de 70º.

25. La bata rusa es:

a) La bata quirúrgica antiséptica.
b) La bata de aislamiento estricto.
c) La bata de aislamiento respiratorio.
d) La bata quirúrgica estéril.

En MADTEST tienes **más preguntas de este tema**, y todos tus avances quedan registrados y se reflejan en el ranking.

¡Supera tus límites con MADTEST!

Solución al test n.º 5

1. b) Perioperatorio.

2. a) El personal de mantenimiento.

3. c) Bajo nivel.

4. d) Clorhexidina.

5. d) Antiséptico.

6. c) En 24-48 horas.

7. b) El lavado de manos.

8. c) Reconstructiva.

9. b) Que alivia los síntomas de un determinado proceso, sin curar la enfermedad.

10. b) Fase preoperatoria.

11. c) Limitada.

12. b) Agentes físicos.

13. d) Cuando aparecen signos y síntomas como consecuencia de la infección.

14. b) Desinfección final.

15. a) Hervido.

16. c) 20 minutos.

17. a) 1 atmósfera.

18. d) Son correctas todas las respuestas anteriores.

19. a) Guantes de goma.

20. d) En el flameado.

21. b) Área quirúrgica.

22. a) Eczema por utilizar determinados productos químicos.

23. a) Al llegar al trabajo.

24. b) Clorhexidina al 4 %.

25. d) La bata quirúrgica estéril.

TEST N.º 6

Actuación del celador en relación con los pacientes fallecidos. Actuación en las salas de autopsias y los mortuorios

1. La vestimenta que envuelve al cadáver se denomina:

a) Óbito.
b) Sudario.
c) Pijama.
d) Tanatología.

2. Los restos cadavéricos es lo que queda del cuerpo humano una vez fallecido tras:

a) 5 años.
b) 10 años.
c) 12 meses.
d) 2 años.

3. El rigor mortis aparece en una persona fallecida a las:

a) 12 horas de la muerte.
b) 7 horas de la muerte.
c) 3 horas de la muerte.
d) 24 horas de la muerte.

4. La putrefacción de un cadáver aparece por la acción de:

a) Los virus.
b) Las bacterias.
c) El oxígeno.
d) La muerte.

5. Denominamos tanatoplastia a:

a) Las técnicas de reconstrucción de los cadáveres.
b) Las técnicas de cosmética que permiten mejorar la apariencia externa del cadáver.
c) Las técnicas que consisten en el tratamiento de los muertos.
d) Las técnicas que nos permiten congelar a los muertos.

6. El establecimiento funerario habilitado para la incineración de cadáveres y restos humanos se denomina:

a) Cementerio.
b) Crematorio.
c) Nicho.
d) Panteón.

7. El control sanitario de los cementerios y la sanidad mortuoria corresponde a:

a) Corporaciones Locales.
b) Centros privados.
c) Unidades Estatales.
d) Ministerio responsable de sanidad.

8. La certificación de la muerte es competencia de:

a) Cualquier eslabón del equipo.
b) El facultativo responsable.
c) La enfermera de la unidad.
d) El jefe de la unidad clínica.

9. No es un signo precoz de la muerte:

a) Pérdida de sensibilidad cutánea.
b) Ausencia de latido cardíaco.
c) Ausencia de tono muscular.
d) Lividéces.

10. Según el profesor Gisbert Calabuig, ¿cuántas fases de la muerte podemos distinguir?

a) 4 fases.
b) 3 fases.
c) 2 fases.
d) 1 fase.

11. Es una función exclusiva del celador con los pacientes fallecidos:

a) El traslado de los cadáveres al mortuorio.
b) El amortajamiento.
c) El aseo del paciente.
d) Todas son funciones exclusivas del celador.

12. Los ojos y la boca del cadáver:

a) Deben ser cerrados.
b) Deben dejarse como están.
c) Debe permanecer abiertos.
d) Deben sellarse con sutura.

13. Si el paciente va a estar unos días en el depósito de cadáveres se aconseja una temperatura de:

a) 4 ºC.
b) 10 ºC.
c) 0 ºC.
d) 21 ºC.

14. La superficie de las áreas de disección en la actualidad es de:

a) Cerámica.
b) Acero inoxidable.
c) Porcelana.
d) Cualquiera de los anteriores.

15. La intervención que se realiza en un cadáver para examinar sus órganos se denomina:

a) Necropsia.
b) *Exitus*.
c) Embalsamamiento.
d) Tanatopraxia.

16. Un enterótomo es un instrumento que no se utiliza para la disección de:

a) Estómago.
b) Tráquea.
c) Huesos.
d) Intestinos.

17. La mesa de autopsias debe medir:

a) 2,10 por 0,75 m.
b) 2,10 por 0,90 m.
c) 1,90 por 0,75 m.
d) 2,10 por 2,10 m.

18. La autopsia clínica tiene como fin:

a) Determinar las circunstancias de la muerte del fallecido.
b) Realizar un informe para la autoridad judicial.
c) Estudiar las alteraciones morfológicas de órganos y tejidos a causa de la enfermedad.
d) Analizar restos humanos encontrados en extrañas circunstancias.

19. Indique en qué cadáver, según la causa de fallecimiento, podría prohibirse las técnicas de tanatopraxia, tanatoestética y/o tanatoplastia. Personas cuya defunción se deba a:

a) Rabia.
b) Neumonía.
c) Cáncer.
d) Infarto.

20. ¿Cuándo está indicada la autopsia clínica?

a) Muertes ocurridas en las primeras 24 horas tras el ingreso en un hospital.
b) Cadáveres no identificados.
c) Muerte de pacientes por procedimientos clínicos-quirúrgicos.
d) Para elaborar un informe forense.

21. La técnica para realizar una autopsia que consiste en extraer los órganos en tres bloques, cuello y tórax, abdomen y retroperitoneo, realizándose la disección separada de cada bloque, se llama:

a) Técnica de Ghon.
b) Técnica de Tetulle.
c) Técnica de Calais.
d) Técnica de Virchow.

22. ¿Cuál es la protección de barrera más importante en la sala de autopsias?

a) Batas desechables.
b) Mascarillas y gafas.
c) Guantes desechables.
d) Lavado de manos.

23. ¿Qué se recomienda para prevenir salpicaduras de sangre en la sala de autopsias?

a) Uso de batas impermeables.
b) Uso de mascarillas de alta resolución.
c) Correcta colocación de batas desechables.
d) Lavado de manos frecuente.

24. ¿Qué desinfectante se utiliza en la actualidad para la desinfección de suelos y superficies en la sala de autopsias y presenta una triple acción: desinfectante, decolorante y desodorante?

a) Detergentes.
b) Compuestos clorados.
c) Alcoholes.
d) Biguanidas.

25. ¿Qué precauciones deben tomar las personas que accedan a la habitación donde se encuentra el cadáver con patología contagiosa antes de proceder al traslado?

a) Deben estar protegidos con una bata desechable, unos guantes y una mascarilla quirúrgica.
b) Deben estar protegidos con un delantal de caucho y zapatos cerrados resistentes.
c) Deben estar protegidos con una bata de algodón y guantes de látex.
d) No necesitan ninguna protección.

En MADTEST tienes **más preguntas de este tema**, y todos tus avances quedan registrados y se reflejan en el ranking.

¡Supera tus límites con MADTEST!

Solución al test n.º 6

1. b) Sudario.

2. a) 5 años.

3. c) 3 horas de la muerte.

4. b) Las bacterias.

5. a) Las técnicas de reconstrucción de los cadáveres.

6. b) Crematorio.

7. a) Corporaciones Locales.

8. b) El facultativo responsable.

9. d) Livideces.

10. a) 4 fases.

11. a) El traslado de los cadáveres al mortuorio.

12. a) Deben ser cerrados.

13. a) 4 ºC.

14. b) Acero inoxidable.

15. a) Necropsia.

16. d) Intestinos.

17. a) 2,10 por 0,75 m.

18. c) Estudiar las alteraciones morfológicas de órganos y tejidos a causa de la enfermedad.

19. a) Rabia.

20. a) Muertes ocurridas en las primeras 24 horas tras el ingreso en un hospital.

21. a) Técnica de Ghon.

22. c) Guantes desechables.

23. c) Correcta colocación de batas desechables.

24. b) Compuestos clorados.

25. a) Deben estar protegidos con una bata desechable, unos guantes y una mascarilla quirúrgica.

TEST N.º 7

Los suministros. Suministros internos y externos. Recepción y almacenamiento de mercancías. Organización del almacén. Distribución de pedidos

1. ¿Qué tipo de inventario requiere un recuento sistemático de las existencias durante todo el ejercicio con el fin de determinar el número de veces que se consume y se repone la mercancía a lo largo del año?

a) El inventario tradicional.
b) El inventario cíclico.
c) El inventario rotativo.
d) El inventario periódico o estacional.

2. No es una de las funciones propias de un celador en el Almacén General del Hospital:

a) Dispensar el material que le sea solicitado mediante un vale firmado debidamente por el solicitante.
b) Recepcionar el suministro mediante cotejo del albarán de entrega.
c) Informar al responsable del Almacén de las entradas diarias de material.
d) Vigilar las entradas y salidas del almacén.

3. ¿Qué tipo de clasificación ordena los artículos en clases «A», «B» y «C»?

a) Ley 70-30.
b) La clasificación ADR.
c) El método LIFO.
d) La clasificación de Pareto.

4. ¿Cuál es el primer paso en el proceso de adquisición de los suministros?

a) La planificación de adquisiciones.
b) La petición de material.
c) La previsión de aprovisionamientos.
d) El procedimiento administrativo de contratación.

5. ¿Cuál, seguramente, es la labor más importante de todo el sistema de suministro, ya que el buen o mal funcionamiento de la misma significará o no la disponibilidad de un stock físico fiable y de los controles que lo garanticen?

a) La recepción/revisión de mercancías-
b) El reaprovisionamiento.
c) La gestión de stock.
d) El mapa de almacén.

6. ¿Cómo se denomina la actividad de salud pública que tiene por objetivo la identificación, cuantificación, evaluación y prevención de los riesgos del uso de los medicamentos una vez comercializados, permitiendo así el seguimiento de los posibles efectos adversos de los medicamentos:

a) Farmacovigilancia.
b) Farmacontrol.
c) Farmacoterapia.
d) Farmacosupervisión.

7. ¿Cómo se denomina la zona de un almacén sanitario donde se llevan a cabo las tareas de comprobación de los paquetes y albaranes?

a) Zona de Entrada de mercancías.
b) Zona de Control de mercancías.
c) Zona de Recepción de mercancías.
d) Zona de almacén propiamente dicho.

8. Los controles de stock se refieren:

a) Al material almacenable.
b) Al material no almacenable.
c) Al material almacenable y no almacenable.
d) Son iguales a los controles que se hacen diariamente de los albaranes.

9. Según Pareto un 20 % de los pedidos va a representar de las existencias un porcentaje del:

a) 30 %.
b) 50 %.
c) 65 %.
d) 80 %.

10. ¿Cuál de estos almacenes encaja como almacén de materiales para el funcionamiento del Centro Sanitario?

a) Almacén de material clínico fungible.
b) Almacén de papelería.

c) Almacén de lencería.
d) Almacén de farmacia.

11. ¿Qué simbología del código de barras es de las más empleadas a nivel internacional como símbolo de número de artículo?

a) ASCII.
b) EAN.
c) RIN.
d) RAN.

12. Todo lo que se expone sobre los códigos de barras es cierto, excepto:

a) Son sencillamente unas etiquetas con un número determinado de barras negras inscritas en ellas.
b) Cada barra tiene la posibilidad de representar un dígito particular de acuerdo con su posición en el código total.
c) Si el dígito está representado la barra es ancha; si el dígito no está presente la barra es fina.
d) Representan datos en una forma legible a simple vista y nunca por las máquinas.

13. Señale la respuesta incorrecta en cuanto a la clasificación de Pareto:

a) Los artículos del tipo A serían aquellos que más se utilizan.
b) Los de clase B tendrían un consumo intermedio.
c) Los artículos del tipo A serían aquellos que se consumen menos y, como es lógico, tendrían una sustitución o rotación más lenta y se almacenarían en los lugares menos accesibles del almacén.
d) Los artículos del tipo A se guardarán en los lugares más próximos y de fácil acceso.

14. ¿Qué significa FIFO?

a) Five in, five off.
b) Fine in, fine over.
c) First in, first out.
d) Flirt ink, flirt on.

15. Señale cuál de las siguientes no es una fase de la tarea de suministro:

a) Revisión de ofertas.
b) Petición de material.
c) Gestión de stock.
d) Control económico.

16. El objeto último de los almacenes es:

a) Satisfacer las necesidades de los servicios.
b) Mantener los suministros del centro custodiados.
c) La custodia de los pedidos.
d) La distribución de pedidos.

17. La clasificación de Pareto ordena los artículos en clases A, B y C. Los artículos del tipo A son aquellos que:

a) Tendrían un consumo intermedio.
b) Más se utilizan y, por tanto, se guardan en los lugares más próximos y de fácil acceso.
c) Se consumen menos.
d) Son frágiles.

18. El criterio de valoración de mercancías denominado FIFO hace referencia a:

a) Primero en entrar, último en salir.
b) Último en entrar, primero en salir.
c) Primero en entrar, primero en salir.
d) Ninguna es correcta.

19. La actividad que hace referencia al conjunto de tareas cuya finalidad es aprovisionar de materiales al almacén y a los servicios sanitarios, se denomina:

a) Suministro.
b) Almacenaje.
c) Procedimiento administrativo de contratación.
d) Control de gestión.

20. Según la clasificación de Pareto, ¿qué artículos serán los que se consumen menos y, como es lógico, tendrán una sustitución o rotación más lenta y se almacenarán en los lugares menos accesibles del almacén?

a) Los de clase «A».
b) Los de clase «B».
c) Los de clase «C».
d) Tanto los de clase «B» como los de clase «C».

21. ¿Qué es el aprovisionamiento?

a) La tarea de almacenar material clínico.
b) El conjunto de tareas logísticas del hospital.
c) El conjunto de operaciones para adquirir bienes y servicios.
d) El control de entradas y salidas de productos.

22. ¿Qué se entiende por suministro interno?

a) Compra directa a proveedores.
b) Abastecimiento desde el almacén a unidades internas.
c) Recepción de mercancía en aduana.
d) Transporte externo.

23. ¿Quién regula actualmente el régimen del celador encargado de almacén?

a) Ley de Contratos del Sector Público.
b) Estatuto Marco del Personal Estatutario.
c) Código Civil.
d) Real Decreto 3/1987.

24. ¿Qué función NO realiza un celador en el almacén?

a) Vigilar entradas y salidas.
b) Dispensar material con vale.
c) Firmar contratos con proveedores.
d) Distribuir productos.

25. ¿Cuál es la finalidad del almacén?

a) Almacenar indefinidamente productos.
b) Guardar excedentes.
c) Garantizar el aprovisionamiento con orden y eficacia.
d) Centralizar el inventario.

En MADTEST tienes **más preguntas de este tema**, y todos tus avances quedan registrados y se reflejan en el ranking.

¡Supera tus límites con MADTEST!

Solución al test n.º 7

1. c) El inventario rotativo.

2. a) Dispensar el material que le sea solicitado mediante un vale firmado debidamente por el solicitante.

3. d) La clasificación de Pareto.

4. c) La previsión de aprovisionamientos.

5. c) La gestión de stock.

6. a) Farmacovigilancia.

7. c) Zona de Recepción de mercancías.

8. a) Al material almacenable.

9. d) 80 %.

10. b) Almacén de papelería.

11. b) EAN.

12. d) Representan datos en una forma legible a simple vista y nunca por las máquinas.

13. c) Los artículos del tipo A serían aquellos que se consumen menos y, como es lógico, tendrían una sustitución o rotación más lenta y se almacenarían en los lugares menos accesibles del almacén.

14. c) First in, first out.

15. a) Revisión de ofertas.

16. d) La distribución de pedidos.

17. b) Más se utilizan y, por tanto, se guardan en los lugares más próximos y de fácil acceso.

18. c) Primero en entrar, primero en salir.

19. a) Suministro.

20. c) Los de clase «C».

21. c) El conjunto de operaciones para adquirir bienes y servicios.

22. b) Abastecimiento desde el almacén a unidades internas.

23. b) Estatuto Marco del Personal Estatutario.

24. c) Firmar contratos con proveedores.

25. c) Garantizar el aprovisionamiento con orden y eficacia.

TEST N.º 8

Actuación del celador en la farmacia y en el animalario

1. ¿De quién depende el Servicio de Farmacia que existe en la mayoría de los Hospitales?

a) De la Gerencia.
b) De la Dirección Médica.
c) De la Dirección de Gestión y Servicios Generales.
d) De la División de Enfermería.

2. ¿A quién han de solicitar los hospitales que no cuenten con servicios farmacéuticos autorización para, en su caso, mantener un depósito de medicamentos bajo la supervisión y control de un farmacéutico?

a) A la Agencia Española de Medicamentos y Productos Sanitarios (AEMPS).
b) Al Consejo Interterritorial del Sistema Nacional de Salud.
c) Al Instituto Nacional de Gestión Sanitaria (INGESA).
d) A las Comunidades Autónomas.

3. ¿Cómo se denomina a toda materia, cualquiera que sea su origen a la que se atribuye una actividad apropiada para constituir un medicamento?

a) Excipiente.
b) Principio activo.
c) Fórmula magistral.
d) Premezcla.

4. ¿Qué nombre recibe la disposición a que se adaptan los principios activos y excipientes para constituir un medicamento?

a) Forma magistral.
b) Forma excepcional.
c) Forma copérnica.
d) Forma farmacéutica.

5. Aquel medicamento elaborado y garantizado por un farmacéutico o bajo su dirección, dispensado en una oficina de farmacia o servicio farmacéutico, enumerado y descrito por el Formulario, se denomina preparado o fórmula:

a) Oficinal.
b) Magistral.
c) Medicinal.
d) Oficial.

6. Señala cuál de las siguientes no es una de las actividades que se realizan en un servicio de farmacia:

a) Adquisición de determinados medicamentos, material de curas o productos.
b) Control y dispensación de medicamentos extranjeros.
c) Establecimiento de sistemas de información para control de consumos, gastos y costos.
d) Control y dispensación de estupefacientes y psicótropos.

7. Señala cuál de las siguientes no es una de las características mínimas que ha de reunir la zona estéril del Área de citostáticos:

a) Ha de contar con una campana de flujo laminar vertical.
b) Debe disponer de una habitación separada con presión positiva.
c) No ha de tener recirculación de aire ni aire acondicionado ambiental.
d) Debe contar con un área o zona aislada físicamente del resto del servicio en la que no se realicen otras operaciones.

8. ¿Durante cuánto tiempo habrá de lavarse con agua y jabón la zona de la piel afectada por contacto directo con un agente citostático?

a) Durante cinco minutos, con agua, jabón y lejía rebajada con agua.
b) Durante cinco minutos, con agua y jabón.
c) Durante unos 10 minutos.
d) Durante unos 15 minutos.

9. Actualmente, en los Hospitales, el suministro de medicamentos desde el Servicio de Farmacia se realiza mediante la fórmula o método:

a) Tradicional.
b) De «unidosis» o dosis única.
c) De dosis diarias.
d) De dosis semanales.

10. ¿A quién corresponde en el método tradicional de distribución de medicamentos realizar los pedidos de los mismos?

a) A los celadores.
b) Al personal de enfermería.
c) A la supervisora de planta.
d) A los FIR (Farmacéuticos Internos Residentes).

11. El alcohol que se utiliza en las unidades del Hospital está «rebajado» porque se mezcla con agua destilada, por ser más conveniente en el uso terapéutico, suministrándose a:

a) 30 grados.
b) 50 grados.
c) 70 grados.
d) 75 grados.

12. ¿En qué Área del servicio de farmacia se preparan dosis especiales de ciertos medicamentos según las pautas establecidas por la comisión de farmacia?

a) En el Área de almacenamiento y conservación de medicamentos.
b) En el Área de nutrición artificial.
c) En el Área de citostáticos.
d) En el Área de farmacotecnia.

13. ¿Cómo se denomina el método terapéutico destinado a mantener o a restaurar por vía endovenosa el volumen y la composición normal de los fluidos corporales?

a) Hidroterapia.
b) Anamnesis.
c) Fluidoterapia.
d) Hemoterapia.

14. Cualquier producto que, cuando esté preparado para su uso con finalidad terapéutica o diagnóstica, contenga uno o más radionucleidos, se denomina:

a) Radiofármaco.
b) Isofármaco.
c) Nucleofármaco.
d) Nucleidofármaco.

15. ¿En cuál de las siguientes áreas se preparan fórmulas magistrales?

a) En el Área de nutrición artificial.
b) En el Área de citostáticos.
c) En el Área de farmacotecnia.
d) En el Área de dispensación farmacológica.

16. Los preparados no normalizados que un médico solicita para una circunstancia especial que sufre el paciente se denominan:

a) Medicamento en investigación.
b) Fórmulas magistrales.
c) Medicamento homeopático.
d) Excipientes.

17. ¿Cómo se denomina la actividad de salud pública que tiene por objetivo la identificación, cuantificación, evaluación y prevención de los riesgos del uso de los medicamentos una vez comercializados, permitiendo así el seguimiento de los posibles efectos adversos de los medicamentos:

a) Farmacovigilancia.
b) Farmacontrol.
c) Farmacoterapia.
d) Farmacosupervisión.

18. ¿Mediante qué tipo de nutrición se administran sustancias nutritivas a través de una sonda nasogástrica alojada en el tubo digestivo?

a) Mediante la nutrición por sueroterapia.
b) Mediante la nutrición parenteral.
c) Mediante la nutrición directa o simple.
d) Mediante la nutrición enteral.

19. Un celador destinado en el almacén de farmacia es requerido por un médico para que le suministre un analgésico. ¿Cuál debe ser su actuación?

a) Pasará la notificación al farmacéutico responsable.
b) Se lo dará, notificándolo posteriormente al farmacéutico responsable.
c) Se lo negará y avisará al jefe de personal subalterno.
d) Se lo dará, pero se lo comunicará a la Supervisora de guardia.

20. ¿Qué Directiva adoptaron el Parlamento Europeo y el Consejo relativa a la protección de los animales utilizados para fines científicos?

a) Directiva 2010/63/UE.
b) Directiva 2009/36/UE.
c) Directiva 2006/60/UE.
d) Directiva 2011/31/UE.

21. De las siguientes opciones, se considera procedimiento, a efectos del Real Decreto 53/2013:

a) La utilización invasiva de un animal con fines experimentales cuyos resultados sean predecibles, cuando dicha utilización pueda causarle al animal un nivel de dolor, sufrimiento, angustia o daño duradero equivalente o superior al causado por la introducción de una aguja conforme a las buenas prácticas veterinarias.
b) Cualquier intervención que de forma intencionada o casual provoque, o pueda provocar, el nacimiento de un animal en condiciones de ausencia de dolor, sufrimiento, angustia o daño duradero.
c) La eutanasia de los animales cuando se realiza con el único fin de utilizar sus órganos o tejidos.
d) Cualquier intervención que de forma intencionada provoque la creación y mantenimiento de una línea de animales modificados genéticamente.

22. El programa de trabajo con un objetivo científico definido y en el que se realicen uno o varios procedimientos se llama:

a) Experimento.
b) Proyecto.
c) Investigación.
d) Intervención.

23. El Real Decreto 53/2013 establece como principio general la promoción e implementación del *"principio de las tres erres"*, que hacen referencia a:

a) Rescate, recuperación y relevancia.
b) Rapidez, racionalidad y revisión.
c) Reemplazo, reducción y refinamiento.
d) Resguardo, regeneración y restablecimiento.

24. ¿Cuál de las siguientes condiciones generales de alojamiento y cuidado de los animales es incorrecta?

a) Se les proporcionará el alojamiento, entorno, alimentos, agua y cuidados que sean adecuados a su especie, condiciones fisiológicas y estado sanitario y que garanticen su adecuado estado general.
b) Se dispondrá de medios que garanticen la eliminación en el plazo más breve posible de cualquier deficiencia que pueda provocar sufrimiento, dolor, angustia o daño duradero evitables que se descubra.
c) Se impedirá o limitará al máximo las posibilidades de los animales de satisfacer sus necesidades fisiológicas y etológicas.
d) Se dispondrá por escrito un plan de actuación en caso de emergencia o catástrofe, que contemplará medidas en relación con los animales alojados, que podrá estar integrado con otros planes del establecimiento y que reflejará la adecuada coordinación con el resto de planes de emergencia del centro de trabajo.

25. Las condiciones ambientales en las que se críen, mantengan o utilicen los animales se deben verificar:

a) A diario.
b) Cada tres días, al menos.
c) Semanalmente.
d) Mensualmente.

En MADTEST tienes **más preguntas de este tema**, y todos tus avances quedan registrados y se reflejan en el ranking.

¡Supera tus límites con MADTEST!

Solución al test n.º 8

1. b) De la Dirección Médica.

2. d) A las Comunidades Autónomas.

3. b) Principio activo.

4. d) Forma farmacéutica.

5. a) Oficinal.

6. a) Adquisición de determinados medicamentos, material de curas o productos.

7. b) Debe disponer de una habitación separada con presión positiva.

8. c) Durante unos 10 minutos.

9. b) De «unidosis» o dosis única.

10. c) A la supervisora de planta.

11. c) 70 grados.

12. d) En el Área de farmacotecnia.

13. c) Fluidoterapia.

14. a) Radiofármaco.

15. c) En el Área de farmacotecnia.

16. b) Fórmulas magistrales.

17. a) Farmacovigilancia.

18. d) Mediante la nutrición enteral.

19. a) Pasará la notificación al farmacéutico responsable.

20. a) Directiva 2010/63/UE.

21. a) La utilización invasiva de un animal con fines experimentales cuyos resultados sean predecibles, cuando dicha utilización pueda causarle al animal un nivel de dolor, sufrimiento, angustia o daño duradero equivalente o superior al causado por la introducción de una aguja conforme a las buenas prácticas veterinarias.

22. b) Proyecto.

23. c) Reemplazo, reducción y refinamiento.

24. c) Se impedirá o limitará al máximo las posibilidades de los animales de satisfacer sus necesidades fisiológicas y etológicas.

25. a) A diario.

TEST N.º 9

El Traslado de documentos y objetos. Manejo y traslado de documentación sanitaria

1. El código de la historia individual, se encuentra compuesto por un total de:

a) Ocho dígitos.
b) Nueve dígitos.
c) Siete dígitos.
d) Diez dígitos.

2. Respecto al consentimiento informado es cierto que:

a) El consentimiento será siempre verbal.
b) El consentimiento será libre y voluntario.
c) Se realizará antes de recibir la información adecuada, para que tenga lugar una actuación que afecta a su salud.
d) El paciente no podrá revocar libremente por escrito su consentimiento.

3. ¿Cómo se denomina al documento emitido por el médico responsable en un centro sanitario al finalizar cada proceso asistencial de un paciente, que especifica los datos de este, un resumen de su historial clínico, la actividad asistencial prestada, el diagnóstico y las recomendaciones terapéuticas?

a) Informe de alta médica.
b) Consentimiento informado.
c) Certificado médico.
d) Todas son correctas.

4. ¿Qué contenido mínimo es exigible en la cumplimentación de una historia clínica cuando se trate de procesos de hospitalización o así se disponga?

a) El informe clínico de alta.
b) La aplicación terapéutica de enfermería.
c) La evolución y planificación de cuidados de enfermería.
d) Los informes de exploraciones complementarias.

5. Los centros sanitarios tienen la obligación de conservar la documentación clínica en condiciones que garanticen su correcto mantenimiento y seguridad, y como mínimo:

a) Dos años contados desde la fecha del alta de cada proceso asistencial.
b) Tres años contados desde la fecha del alta de cada proceso asistencial.
c) Cuatro años contados desde la fecha del alta de cada proceso asistencial.
d) Cinco años contados desde la fecha del alta de cada proceso asistencial.

6. Se denomina Historia clínica:

a) Todo dato, cualquiera que sea su forma, clase o tipo, que permite adquirir o ampliar conocimientos sobre el estado físico y la salud de una persona o la forma de preservarla, cuidarla, mejorarla o recuperarla.
b) El documento emitido por el médico responsable en un centro sanitario al finalizar cada proceso asistencial de un paciente.
c) La declaración escrita de un médico que dé fe del estado de salud de una persona en un determinado momento.
d) El conjunto de documentos que contienen los datos, valoraciones e informaciones de cualquier índole sobre la situación y la evolución clínica de un paciente a lo largo del proceso asistencial.

7. En relación con las cartas certificadas, si no pudiera entregarse, se advertirá al receptor mediante un aviso de que dispone, para recoger el envío en una oficina de Correos, de:

a) Diez días.
b) Quince días.
c) Veinte días.
d) Un mes.

8. La condición de conservar los esputos en la nevera a 4 ºC es:

a) La imposibilidad de ser procesados antes de 1 hora.
b) La imposibilidad de ser procesados antes de 2 horas.
c) La imposibilidad de ser procesados antes de 1/2 horas.
d) Nunca deben ser conservados en la nevera ya que que no se produce alteración alguna.

9. Uno de los siguientes no es un dato básico a incluir en el anverso de la tarjeta sanitaria:

a) Nombre y apellidos del titular de la tarjeta.
b) Código de identificación de la administración sanitaria emisora de la tarjeta.
c) Identidad institucional de la Comunidad Autónoma o Entidad que la emite.
d) Nombre del Facultativo y dirección del Centro de Salud.

10. ¿A qué órgano le corresponde establecer los requisitos y los estándares necesarios sobre los dispositivos que las tarjetas incorporen para almacenar la información básica?

a) A la Consejería de Sanidad de la Comunidad Autónoma correspondiente.
b) A los Ayuntamientos.
c) Al Ministerio de Sanidad.
d) Al Servicio de Salud de cada Comunidad Autónoma.

11. El celador es el responsable del traslado de las Historias Clínicas y documentación complementaria desde la unidad hospitalaria correspondiente al:

a) Fichero.
b) Archivo de consulta.
c) Archivo central.
d) Libro de registro.

12. ¿Qué tipo de datos no se deben de incluir en la historia clínica?

a) Datos clínico-asistenciales.
b) Datos de identificación de la persona paciente.
c) Datos de carácter personal del paciente (ideología, religión, etc.).
d) Datos sociales que sean pertinentes para la asistencia sanitaria.

13. En relación con el derecho de acceso a la Historia Clínica es cierto que:

a) El paciente tiene derecho de acceso a la Historia Clínica pero no a obtener copia de los datos que constan en ella.
b) El paciente no tiene derecho de acceso a la Historia Clínica completa y a obtener copia de los datos que constan en ella.
c) El paciente tiene derecho de acceso a la Historia Clínica con la reserva de las anotaciones subjetivas de los facultativos, y a obtener copia de los datos que constan en ella.
d) Los pacientes no tienen acceso a la Historia Clínica sino que únicamente son los facultativos quienes acceden, anotan y modifican dichas historias.

14. ¿Qué etapa del diseño de un sistema de información sanitaria es aquella que identifica los elementos que lo componen, relaciones entre ellos y los objetivos a alcanzar?

a) Identificación de los niveles de decisión.
b) Definición del sistema.
c) Definición de las funciones de sus elementos.
d) Identificación de los tipos de decisión.

15. ¿Qué documentos clínicos no se utilizan en atención primaria?

a) Historia de enfermería.
b) Historia médica.

75

c) Impreso de citación.
d) Hoja de evolución médica.

16. ¿Cada cuánto tiempo generalmente se deben actualizar las órdenes de tratamientos?

a) Cada día.
b) Cada tres días.
c) Cada semana.
d) Cada mes.

17. ¿Quién cumplimenta la hoja operatoria conocida como hoja de enfermería?

a) Enfermera responsable de planta.
b) Enfermera responsable de quirófano.
c) Enfermera responsable de urgencias.
d) Indiferentemente los indicados en las respuestas a) o b).

18. El consumo de alcohol, como hábito tóxico, se debe expresar en la Historia Clínica como:

a) Centímetros cúbicos de alcohol al día.
b) Volumen total de etanol en una semana.
c) Gramos de etanol al día.
d) Masa total de alcohol en una semana.

19. ¿Cuál es la técnica de clasificación secuencial de la Historia clínica más frecuente hoy día como consecuencia de la entrada de los sistemas informáticos en sanidad?

a) Por orden alfabético.
b) Por orden correlativo.
c) Por orden de apertura.
d) Por orden numérico.

20. ¿Qué aspecto no se recoge en la cara exterior de la carpeta con datos administrativos como documentación básica de la Historia Clínica Hospitalaria?

a) N.º de Historia.
b) Nombre y apellidos.
c) N.º de estudios radiológicos que se entregan para archivo.
d) N.º de cama.

21. ¿Qué se entiende por la declaración escrita de un médico que dé fe del estado de salud de una persona en un determinado momento?

a) Documentación Sanitaria.
b) Certificado médico.
c) Consentimiento informado.
d) Historia Clínica.

22. ¿Cómo se denomina el documento emitido por el médico responsable en un centro sanitario al finalizar cada proceso asistencial de un paciente, que especifica los datos de este, un resumen de su historial clínico, la actividad asistencial prestada, el diagnóstico y las recomendaciones terapéuticas?

a) Certificado médico.
b) Informe de alta médica.
c) Informe de evaluación médica.
d) Consentimiento informado.

23. ¿Cómo debe ser necesariamente el consentimiento informado de un paciente?

a) La conformidad libre, voluntaria e inconsciente (sin necesidad de estar en pleno uso de sus facultades).
b) La conformidad forzada, voluntaria e consciente o/e inconsciente (sin necesidad de estar en pleno uso de sus facultades).
c) La conformidad forzada, involuntaria y consciente (con necesidad de estar en pleno uso de sus facultades).
d) La conformidad libre, voluntaria y consciente (con necesidad de estar en pleno uso de sus facultades).

24. El acceso a la historia clínica con fines asistenciales corresponde a:

a) Los tribunales.
b) Los profesionales asistenciales del centro que realizan el diagnóstico o el tratamiento del paciente.
c) Los profesionales no asistenciales del centro que realizan el diagnóstico o el tratamiento del paciente.
d) Los profesionales asistenciales y no asistenciales del centro que realizan el diagnóstico o el tratamiento del paciente.

25. ¿Cuántos años como mínimo (contados desde la fecha del alta de cada proceso asistencial), los centros sanitarios tienen la obligación de conservar la documentación clínica en condiciones que garanticen su correcto mantenimiento y seguridad?

a) 2.
b) 5.
c) 10.
d) 25.

En MADTEST tienes **más preguntas de este tema**, y todos tus avances quedan registrados y se reflejan en el ranking.

¡Supera tus límites con MADTEST!

Solución al test n.º 9

1. a) Ocho dígitos.

2. b) El consentimiento será libre y voluntario.

3. a) Informe de alta médica.

4. a) El informe clínico de alta.

5. d) Cinco años contados desde la fecha del alta de cada proceso asistencial.

6. d) El conjunto de documentos que contienen los datos, valoraciones e informaciones de cualquier índole sobre la situación y la evolución clínica de un paciente a lo largo del proceso asistencial.

7. b) Quince días.

8. b) La imposibilidad de ser procesados antes de 2 horas.

9. d) Nombre del Facultativo y dirección del Centro de Salud.

10. c) Al Ministerio de Sanidad.

11. c) Archivo central.

12. c) Datos de carácter personal del paciente (ideología, religión, etc.).

13. c) El paciente tiene derecho de acceso a la Historia Clínica con la reserva de las anotaciones subjetivas de los facultativos, y a obtener copia de los datos que constan en ella.

14. b) Definición del sistema.

15. d) Hoja de evolución médica.

16. a) Cada día.

17. b) Enfermera responsable de quirófano.

18. c) Gramos de etanol al día.

19. b) Por orden correlativo.

20. c) N.º de estudios radiológicos que se entregan para archivo.

21. b) Certificado médico.

22. b) Informe de alta médica.

23. d) La conformidad libre, voluntaria y consciente (con necesidad de estar en pleno uso de sus facultades).

24. b) Los profesionales asistenciales del centro que realizan el diagnóstico o el tratamiento del paciente.

25. b) 5.

Unidades de psiquiatría. La actuación del celador en relación con el enfermo mental. La actuación del celador ante una urgencia psiquiátrica. Tipos de reducción del paciente psiquiátrico. Traslado psiquiátrico

1. Entendemos por psiquiatría:

a) Una rama de la medicina.
b) La parte de la medicina que tiene por objeto el estudio y prevención de las enfermedades mentales.
c) Una parte de la medicina que tiene por objeto el diagnóstico y tratamiento de las enfermedades mentales.
d) Todas son ciertas.

2. En las unidades de hospitalización psiquiátrica no se dedican a:

a) Desintoxicación.
b) Evaluación y progreso diagnóstico.
c) Reinserción social.
d) Fracaso de tratamientos ambulatorios.

3. La finalidad de los centros día en salud mental es:

a) La recuperación de habilidades para integrarse en la sociedad.
b) La desintoxicación de drogas de abuso.
c) La integración y terapia familiar.
d) Todas son ciertas.

4. El trastorno depresivo mayor en salud mental se caracteriza por:

a) Preocupación, autocrítica y pensamientos de autodevaluación.
b) La falta de energía, sobre todo en hombres.
c) Está caracterizado por uno o más episodios depresivos mayores.
d) Episodios de delirios, alucinaciones y TCA.

5. El lenguaje demasiado bajo se denomina:

a) Musitación.
b) Coprolalia.
c) Dislalia.
d) Logorrea.

6. La esquizofrenia:

a) Es una psicosis de inicio precoz.
b) Presenta formas de lenguaje peculiares.
c) No se conoce su etiología.
d) Todas son ciertas.

7. Es falso que las demencias:

a) Se caracterizan por el deterioro de la memoria.
b) Es un síndrome adquirido.
c) Se desconoce su etiología.
d) Es más frecuente en mujeres.

8. La enfermedad de Pick es:

a) Una demencia que aparece en personas de mediana edad.
b) Un trastorno compulsivo que aparece en la adolescencia.
c) Una alteración de la memoria secundaria a una alteración vascular.
d) Ninguna es cierta.

9. Entre las funciones del celador en relación con el enfermo mental encontramos:

a) Ayudar al aseo personal de los pacientes que lo precisen.
b) Favorecer el descanso nocturno.
c) Controlar el accedo y la circulación de personas por la unidad.
d) Todas son ciertas.

10. El miedo irracional a los espacios abiertos se denomina:

a) Claustrofobia.
b) Dismorfobia.
c) Agorafobia.
d) Eritrofobia.

11. ¿A qué tipo de modalidad terapéutica, dentro de las restricciones o categorías de contención del enfermo psiquiátrico, pertenece la clase que incluye entre otras acciones el control de estímulos y la vigilancia de la existencia de espacios apropiados?

a) Reducción verbal.
b) Acción farmacológica.
c) Reducción física.
d) Reducción ambiental.

12. Es frecuente que los pacientes sujetos:

a) Se calmen después de un tiempo.
b) Nunca se calmen y deban seguir en esa situación.
c) No representen una amenaza para su integridad física, si no lo estuvieran.
d) Se enajenen definitivamente.

13. ¿Qué situación es incorrecta por parte del personal sanitario que realiza una intervención para reducir a un paciente agresivo?

a) Deberá actuar profesionalmente.
b) Poseerá durante la misma una actitud enérgica pero amable.
c) Se actuará impidiéndole el movimiento.
d) Se golpeará con saña para reducirlo.

14. ¿Qué elemento corporal se debe inmovilizar por cada miembro del personal que actúa en la intervención para reducir a un paciente agresivo?

a) Miembros en zonas proximales, tronco y cabeza.
b) Exclusivamente los miembros en sus zonas proximales.
c) Exclusivamente los miembros en sus zonas distales.
d) Tórax y abdomen, por delante y por detrás.

15. ¿Cómo debe ser mejor y más adecuada la autorización por el médico de una reducción y sujeción de un paciente agresivo?

a) Mediante lenguaje no verbal (para que el paciente no se dé cuenta).
b) Mediante lenguaje verbal.
c) Por escrito.
d) Por teléfono.

16. ¿Se debe registrar la razón de la contención a un paciente agresivo?

a) No es necesario.
b) Siempre y de forma minuciosa, detallando solo el tiempo que esta duró.

c) Siempre y de forma minuciosa, detallando el tiempo que duró y la respuesta del enfermo.

d) Siempre y de forma minuciosa, detallando el tiempo que duró, la respuesta del sujeto y la evolución del tratamiento.

17. Respecto a la sujeción física de estos pacientes es cierto:

a) Que debe llevarse a cabo con cualquier material que lo inmovilice.

b) Que debe hacerse por el personal hasta que este se calme.

c) Que no debe emplearse ningún sistema de sujeción física, sino la palabra del sanitario.

d) Que debe emplearse exclusivamente sistemas homologados de sujeción.

18. Un miembro del equipo de sujeción terapéutica siempre debería estar visible para el paciente con la finalidad de:

a) Amedrentarlo durante la sujeción.

b) Tranquilizarlo durante la sujeción.

c) Que tenga un punto de referencia del entorno.

d) Amenazarlo durante la sujeción.

19. ¿Qué es incorrecto de la sujeción terapéutica?

a) La cabeza del paciente debe estar ligeramente levantada.

b) La sujeción no tiene por qué permitir la administración mediante perfusión endovenosa por el antebrazo, ya que existen otras vías posibles.

c) Debe comprobarse periódicamente las sujeciones.

d) Las muñecas deben de sujetarse a las tiras del segufix^R o al travesero de la cama.

20. ¿Qué medicación requieren los pacientes violentos aun estando sujetos?

a) Medicación antidepresiva por vía intramuscular.

b) Medicación antipsicótica por vía intramuscular.

c) Medicación antidepresiva por vía intravenosa.

d) Medicación antishock por vía parenteral.

21. ¿Cada cuánto tiempo al paciente violento se le deben ir eliminando las restricciones si está ya bajo control?

a) En intervalos de una restricción/sujeción cada cinco minutos.

b) En intervalos de una restricción/sujeción cada veinte minutos.

c) En intervalos de una restricción/sujeción cada hora.

d) En intervalos de una restricción/sujeción cada dos horas.

22. Antes de quitarle todas las restricciones a un paciente que se ha sometido a sujeción terapéutica, al menos debe quedarle:

a) Una sujeción.

b) Dos sujeciones.

c) Cinco sujeciones.

d) Diez sujeciones.

23. ¿Qué acción o acciones del equipo sanitario en un paciente sujeto terapéuti-camente es o son incorrecta/s?

a) Preservar la intimidad del paciente.

b) Acostumbrar progresivamente al paciente a la seguridad que supone un entorno de aislamiento.

c) Mantener contacto verbal con intervalos regulares mientras se halle despierto.

d) Implicar al paciente en planes para poder finalizar la sujeción mecánica.

24. ¿En qué circunstancias de estas no se recomienda el internamiento forzoso y urgente del enfermo mental?

a) Leve disminución de la autonomía personal.

b) Riesgo de autoagresividad.

c) Riesgo de heteroagresividad.

d) Grave enfermedad mental que suponga un riesgo de agravación en caso de no ser adecuadamente tratada.

25. Entre las tareas de atención a los familiares a realizar por un/a celador/a de Psiquiatría no figura:

a) Enseñar cuando sea necesario a usar los ascensores.

b) Impedir que los acompañantes hagan mal uso del material.

c) Controlar la entrada y salida de las visitas.

d) Proveer alimentos a los familiares de los enfermos cuando tengan que pernoctar en el hospital.

En MADTEST tienes **más preguntas de este tema**, y todos tus avances quedan registrados y se reflejan en el ranking.

¡Supera tus límites con MADTEST!

Solución al test n.º 10

1. d) Todas son ciertas.

2. c) Reinserción social.

3. a) La recuperación de habilidades para integrarse en la sociedad.

4. c) Está caracterizado por uno o más episodios depresivos mayores.

5. a) Musitación.

6. d) Todas son ciertas.

7. c) Se desconoce su etiología.

8. a) Una demencia que aparece en personas de mediana edad.

9. d) Todas son ciertas.

10. c) Agorafobia.

11. d) Reducción ambiental.

12. a) Se calmen después de un tiempo.

13. d) Se golpeará con saña para reducirlo.

14. c) Exclusivamente los miembros en sus zonas distales.

15. c) Por escrito.

16. d) Siempre y de forma minuciosa, detallando el tiempo que duró, la respuesta del sujeto y la evolución del tratamiento.

17. d) Que debe emplearse exclusivamente sistemas homologados de sujeción.

18. b) Tranquilizarlo durante la sujeción.

19. b) La sujeción no tiene por qué permitir la administración mediante perfusión endovenosa por el antebrazo, ya que existen otras vías posibles.

20. b) Medicación antipsicótica por vía intramuscular.

21. a) En intervalos de una restricción/sujeción cada cinco minutos.

22. b) Dos sujeciones.

23. b) Acostumbrar progresivamente al paciente a la seguridad que supone un entorno de aislamiento.

24. a) Leve disminución de la autonomía personal.

25. d) Proveer alimentos a los familiares de los enfermos cuando tengan que pernoctar en el hospital.

TEST N.º 11

Actitudes a adoptar ante una emergencia: métodos de traslado, actuación de los celadores en un plan de catástrofes

1. La distribución de los extintores de incendio será tal que el recorrido máximo horizontal, desde cualquier punto del sector de incendio, que deba ser considerado origen de evacuación, hasta el extintor, no supere:

a) 30 m.
b) 20 m.
c) 15 m.
d) 10 m.

2. Según la norma UNE-EN 2, ¿qué clase de agente extintor debemos utilizar en los fuegos derivados de la utilización de ingredientes para cocinar (aceites y grasas vegetales o animales) en los aparatos de cocina?

a) Clase F.
b) Clase B.
c) Clase C.
d) Clase A.

3. Los extintores móviles están diseñados para ser transportados y accionados a mano, están montados sobre ruedas y tienen una masa total de:

a) 20 kg.
b) Inferior a 20 kg.
c) Más de 20 kg.
d) Igual o inferior a 20 kg.

4. Señala la respuesta correcta respecto de los sistemas de bocas de incendio equipadas (BIE):

a) Se situarán siempre a una distancia máxima de 5 m de las salidas del sector de incendio, medida sobre un recorrido de evacuación, sin que constituyan obstáculo para su utilización.

b) Para las BIE con manguera semirrígida o manguera plana, la separación máxima entre cada BIE y su más cercana será de 30 m.

c) Para facilitar su manejo, la longitud máxima de la manguera de las BIE con manguera plana será de 30 m y con manguera semirrígida será de 20 m.

d) La longitud máxima de las mangueras que se utilicen en estas BIE de alta presión será de 50 m.

5. A la hora de hacer uso de un extintor de incendios portátil debemos:

a) Dirigir el chorro a las llamas, nunca a su base.

b) En caso de espacios abiertos acercarse al fuego en la dirección contraria del viento.

c) Antes de dirigir el chorro a la zona en llamas, realizar una pequeña descarga de comprobación de salida del agente extintor.

d) Acercarse al fuego dejando como mínimo cinco metros de distancia hasta él.

6. ¿A quién corresponde elegir el método de traslado de los enfermos?

a) Al personal de extinción de incendios.

b) Al o a la supervisor/a de la Unidad, en todo caso.

c) Al facultativo responsable de la Unidad.

d) A los/las celadores/as.

7. ¿Cuántos celadores/as para cada montacamas se destinarán para la utilización del mismo desde el interior en caso de alerta?

a) Uno/una.

b) Dos.

c) Tres.

d) Cuatro.

8. ¿Quién designa al director del Plan de Actuación en Emergencias como persona responsable única, con autoridad y capacidad de gestión?

a) La Administración Pública competente para otorgar la licencia o permiso determinante para la explotación o inicio de la actividad.

b) El titular de la actividad.

c) Un técnico especializado en emergencias.

d) El Centro de Coordinación de Atención de Emergencias de Protección Civil.

9. ¿Ante qué tipo de señal nos encontraremos si tiene forma rectangular o cuadrada, con un pictograma blanco sobre fondo verde?

a) Ante una señal de prohibición.
b) Ante una señal de socorro o salvamento.
c) Ante una señal de advertencia.
d) Ante una señal de obligación.

10. ¿Qué método de traslado de enfermos es seguro y confortable para los pacientes pero muy lento y complicado, necesita que las vías de evacuación sean amplias y se necesita un gran esfuerzo físico?

a) Por arrastre directo.
b) Por arrastre por colchón.
c) Por levantamiento.
d) Por arrastre con silla.

11. Aunque pueden formar más de un equipo cuando las circunstancias de amplitud del establecimiento lo requieran (tiempos de intervención demasiado dilatados, etc.), la composición mínima del Equipo de Segunda Intervención debe ser de:

a) Dos personas.
b) Tres personas.
c) Nunca inferior a cinco personas.
d) Al menos seis personas.

12. ¿Mediante qué marcado el fabricante indica que el producto es conforme a todos los requisitos aplicables establecidos en la legislación comunitaria y armonización que prevé su colocación?

a) Marcado UE.
b) Marcado CEE.
c) Marcado EEE.
d) Marcado CE.

13. ¿Ante qué tipo de señal nos encontraremos si tiene forma redonda, con un pictograma negro sobre fondo blanco, bordes y banda rojos?

a) Ante una señal de prohibición.
b) Ante una señal de socorro o salvamento.
c) Ante una señal de advertencia.
d) Ante una señal de obligación.

14. ¿Qué vigencia tendrán los Planes de Autoprotección?

a) Máximo diez años.
b) Cinco años máximo.
c) Tres años.
d) Indeterminada.

15. ¿A quién le corresponde designar en el Plan de Autoprotección a la persona responsable de la gestión de las actuaciones encaminadas a la prevención y el control de riesgos?

a) Al titular de la actividad.
b) A un técnico en la materia.
c) A las autoridades competentes de Protección Civil.
d) A la Administración Pública competente para otorgar la licencia o permiso determinante para la explotación o inicio de la actividad.

16. ¿Cuál es el método para el traslado de los enfermos más rápido, ya que no requiere excesivo esfuerzo y es fácil de aplicar?

a) Por arrastre con silla.
b) Por arrastre directo.
c) Por arrastre por colchón.
d) Por levantamiento.

17. ¿Cuál es el documento que establece el marco orgánico y funcional previsto para un centro, establecimiento, espacio, instalación o dependencia, con el objeto de prevenir y controlar los riesgos sobre las personas y los bienes y dar respuesta adecuada a las posibles situaciones de emergencia, en la zona bajo responsabilidad del titular de la actividad, garantizando la integración de estas actuaciones con el sistema público de protección civil?

a) Plan Específico de Emergencias.
b) Manual de Emergencia.
c) Plan de Autoprotección.
d) Plan de Emergencia.

18. Las señales relativas a los equipos de lucha contra incendios (manguera para incendios, extintor, etc.) tendrán:

a) Forma triangular, con pictograma negro sobre fondo amarillo, bordes negros.
b) Forma redonda, con pictograma negro sobre fondo blanco, bordes y banda rojos.
c) Forma redonda, con pictograma blanco sobre fondo azul.
d) Forma rectangular o cuadrada, con pictograma blanco sobre fondo rojo.

19. ¿Qué método de traslado de enfermos es rápido y bastante confortable para los pacientes pero no se puede utilizar, generalmente, para la evacuación vertical?

a) Por arrastre directo.
b) Por arrastre por colchón.
c) Por levantamiento.
d) Por arrastre con silla.

20. ¿Qué caracteriza a los Equipos de Primera Intervención?

a) Representan la máxima capacidad extintora del establecimiento.
b) Su ámbito de actuación será cualquier punto del establecimiento donde se pueda producir una emergencia de incendio.
c) La actuación de los miembros de este equipo será siempre por parejas.
d) Deben conocer exhaustivamente el plan de emergencia.

21. Señala cuál de las siguientes no es una de las misiones específicas que les corresponde a los celadores componentes del equipo de segunda intervención tras recibir una alerta:

a) Aprovisionarse del equipo necesario y acudir al lugar de la emergencia.
b) Recoger la máxima información de la emergencia procedente de centralita.
c) Convertir en montacamas los ascensores.
d) Atacar el fuego bajo las órdenes directas del Jefe de Intervención.

22. ¿Cuántos celadores en urgencias se destinarán en caso de alerta para ayudar el movimiento de pacientes que acudan por las escaleras próximas y sacar los que acudan por el montacamas?

a) Cinco.
b) Cuatro.
c) Tres.
d) Dos.

23. ¿Cómo se denomina el accidente que precisa de la actuación de todos los equipos y medios de protección del establecimiento y la ayuda de medios de socorro y salvamento exteriores?

a) Emergencia general.
b) Emergencia parcial.
c) Conato de emergencia.
d) Emergencia real.

24. El alumbrado de emergencia ha de ser una instalación fija provista de fuente de energía propia que le permita entrar en funcionamiento automáticamente y que cumpla su cometido durante:

a) Un mínimo de una hora desde que se produjo el fallo.
b) Un mínimo de cuarenta minutos desde que se produjo el fallo.
c) Un mínimo de treinta minutos desde que se produjo el fallo.
d) Un mínimo de veinticinco minutos desde que se produjo el fallo.

25. En el supuesto de producción de un incendio nunca deberemos:

a) Clasificar la magnitud del incendio.
b) Actuar por parejas.
c) Abandonar el lugar si el incendio está controlado y se ha comunicado al Jefe de Emergencia.
d) Evacuar la zona cerrando las puertas que se vayan dejando a la espalda e indicarlo al Jefe de Emergencia cuando el incendio no se puede controlar.

En MADTEST tienes **más preguntas de este tema**, y todos tus avances quedan registrados y se reflejan en el ranking.

¡Supera tus límites con MADTEST!

Solución al test n.º 11

1. c) 15 m.

2. a) Clase F.

3. c) Más de 20 kg.

4. a) Se situarán siempre a una distancia máxima de 5 m de las salidas del sector de incendio, medida sobre un recorrido de evacuación, sin que constituyan obstáculo para su utilización.

5. c) Antes de dirigir el chorro a la zona en llamas, realizar una pequeña descarga de comprobación de salida del agente extintor.

6. c) Al facultativo responsable de la Unidad.

7. a) Uno/una.

8. b) El titular de la actividad.

9. b) Ante una señal de socorro o salvamento.

10. b) Por arrastre por colchón.

11. b) Tres personas.

12. d) Marcado CE.

13. a) Ante una señal de prohibición.

14. d) Indeterminada.

15. a) Al titular de la actividad.

16. d) Por levantamiento.

17. c) Plan de Autoprotección.

18. d) Forma rectangular o cuadrada, con pictograma blanco sobre fondo rojo.

19. d) Por arrastre con silla.

20. c) La actuación de los miembros de este equipo será siempre por parejas.

21. c) Convertir en montacamas los ascensores.

22. d) Dos.

23. a) Emergencia general.

24. a) Un mínimo de una hora desde que se produjo el fallo.

25. c) Abandonar el lugar si el incendio está controlado y se ha comunicado al Jefe de Emergencia.

TEST N.º 12

Cuidados del enfermo contagioso: tipos de aislamientos

1. Manuel acude al hospital por problemas gastrointestinales: presenta náuseas, vómitos, diarrea y fiebre. Después de la realización de un coprocultivo se le diagnostica salmonelosis, enfermedad infecciosa. Señala el enunciado correcto en relación con la enfermedad infecciosa:

a) Presenta la participación de un agente causal vivo (Salmonella).
b) Precisa de la participación de un agente endógeno.
c) Presenta respuesta orgánica (náuseas, vómitos, diarrea y fiebre).
d) Las respuestas a) y c) son correctas.

2. Organismo vivo o fuerza animada cuya presencia puede provocar la enfermedad al entrar en contacto con un huésped susceptible. Es el concepto de:

a) Infectividad.
b) Inmunidad.
c) Contagiosidad.
d) Agente etiológico o causal.

3. Cuando el agente causal vive a costa del huésped pero no le perjudica. Esta relación se denomina:

a) Mutualismo.
b) Sedentarismo.
c) Comensalismo.
d) Simbiosis.

4. Denominamos virulencia en las enfermedades trasmisibles:

a) Al poder patógeno que tiene el microorganismo sobre el huésped.
b) Al grado o cantidad de enfermedad que puede producir el agente causal.
c) A la capacidad del microorganismo de multiplicarse en el huésped.
d) A la capacidad que tiene el agente causal para extenderse.

5. La principal medida para prevenir la transmisión de infecciones por contacto directo es:

a) Esterilización de instrumentos médicos.
b) Vigilancia de los alimentos.
c) Desinfección de quirófanos.
d) Lavado de manos del profesional sanitario.

6. La esterilización tiene una medida de eficacia de prevención de infección nosocomial de categoría o tipo:

a) Lógica.
b) Probada.
c) De grado II.
d) Desconocida o grado I.

7. ¿Cómo se define al conjunto de normas que hay que tener en el hospital para evitar la propagación de las enfermedades infecciosas dentro de las distintas estancias y servicios hospitalarios?

a) Programa de salud.
b) Aislamiento hospitalario.
c) Profilaxis ante infecciones.
d) Técnicas de prevención.

8. Para realizar el aislamiento respiratorio de un paciente es necesario tomar alguna de las medidas que se señalan:

a) Colocar papis al paciente.
b) Entrar en la habitación con guantes.
c) Entrar en la habitación con bata.
d) Permitir la visita solamente de familiares directos y siempre con mascarilla.

9. ¿Cómo se denominan los gérmenes que pueden albergarse en el organismo sin producir enfermedad?

a) Patógenos.
b) Saprófitos.
c) Comensal.
d) Simbiótico.

10. ¿Qué tipo de aislamiento se usa en grandes quemados, trasplantados, prematuros, pacientes sometidos a drásticos tratamientos inmunosupresores, leucemias y linfomas?

a) Aislamiento respiratorio.
b) Aislamiento estricto.

c) Aislamiento protector.
d) Aislamiento con precauciones entéricas.

11. Ante un paciente con hepatitis A se llevarán a cabo medidas de aislamiento:

a) Respiratorio.
b) Estricto.
c) Inverso.
d) Entérico.

12. ¿Qué agente transmite la sarna?

a) VIH (sida).
b) Sarcoptes.
c) Clostridium tetani.
d) COVID-19.

13. La persona con capacidad de padecer una enfermedad infecciosa se denomina técnicamente:

a) Portador enfermo.
b) Portador sano o asintomático.
c) Huésped susceptible.
d) Huésped refractario.

14. ¿A qué corresponde esta definición: «asociación con beneficios para agente y huésped»?

a) Parasitismo.
b) Simbiosis.
c) Comensalismo.
d) Amebiasis.

15. Generalmente la fuente de la enfermedad transmisible suele ser la misma que:

a) El reservorio.
b) El portador sano.
c) El huésped susceptible.
d) El huésped refractario.

16. La tríada epidemiológica relaciona:

a) Al agente causal, huésped susceptible y ambiente.
b) Al agente causal, huésped susceptible y reservorio.
c) Al agente causal, huésped susceptible y mecanismo de transmisión.
d) Al agente causal, huésped susceptible y factores epidemiológicos secundarios.

17. ¿Qué es la tasa de prevalencia?

a) N.º de personas portadoras en un periodo/n.º de personas observadas en el periodo x meses de observación.
b) N.º de casos positivos/personas totales en un periodo específico.
c) N.º de casos negativos/n.º de análisis realizados.
d) Ninguna es correcta.

18. ¿Qué vía de transmisión de estas es directa?

a) Transplacentaria.
b) Por bebida de fuente contaminada.
c) Por fómites.
d) Son todas las anteriores.

19. ¿Cuál es el último eslabón de la cadena epidemiológica?

a) Huésped susceptible (con capacidad de enfermar).
b) Huésped refractario (sin capacidad de enfermar).
c) Fuente.
d) Vector.

20. ¿Cuál de estos factores del huésped susceptible es considerado de gran importancia por poseer mayor grado de susceptibilidad por diferentes causas a la hora de enfermar?

a) Sexo.
b) Lugar de residencia.
c) Edad.
d) Profesión.

21. ¿Cuál de estos consideras un factor de riesgo intrínseco a padecer infección nosocomial?

a) Procedimientos terapéuticos invasivos como el sondaje urinario.
b) Malnutrición.
c) Quimioterapia.
d) Empleo de ventilación mecánica.

22. ¿Cuál es la principal medida preventiva para evitar las infecciones cruzadas en el hospital?

a) Lavado de manos quirúrgico.
b) Lavado de manos higiénico.
c) Lavado de manos especial.
d) Lavado de manos antiséptico.

23. ¿Cómo se denominan las barreras que emplean mecanismos físicos o mecánicos que actúan como tal, previniendo la transferencia de contaminantes o fuentes potenciales de contaminación en clínica hospitalaria?

a) Barreras medioambientales.
b) Barreras sanitarias.
c) Barreras higiénicas.
d) Barreras prohibidas.

24. Al comenzar a trabajar en un centro hospitalario es necesario que estés vacunado de:

a) Hepatitis A.
b) Hepatitis B.
c) Hepatitis C.
d) VIH.

25. ¿Qué tipo de aislamiento se efectúa frente a la difteria faríngea?

a) Aislamiento respiratorio.
b) Aislamiento entérico.
c) Aislamiento protector.
d) Aislamiento estricto.

En MADTEST tienes **más preguntas de este tema**, y todos tus avances quedan registrados y se reflejan en el ranking.

¡Supera tus límites con MADTEST!

Solución al test n.º 12

1. d) Las respuestas a) y c) son correctas.

2. d) Agente etiológico o causal.

3. c) Comensalismo.

4. b) Al grado o cantidad de enfermedad que puede producir el agente causal.

5. d) Lavado de manos del profesional sanitario.

6. b) Probada.

7. b) Aislamiento hospitalario.

8. d) Permitir la visita solamente de familiares directos y siempre con mascarilla.

9. b) Saprófitos.

10. c) Aislamiento protector.

11. d) Entérico.

12. b) *Sarcoptes scabiei.*

13. c) Huésped susceptible.

14. b) Simbiosis.

15. a) El reservorio.

16. a) Al agente causal, huésped susceptible y ambiente.

17. b) N.º de casos positivos/personas totales en un periodo específico.

18. a) Transplacentaria.

19. a) Huésped susceptible (con capacidad de enfermar).

20. c) Edad.

21. b) Malnutrición.

22. b) Lavado de manos higiénico.

23. c) Barreras higiénicas.

24. b) Hepatitis B.

25. d) Aislamiento estricto.

TEST N.º 13

La actuación del celador en urgencias. El transporte de enfermos en ambulancias

1. Los dispositivos de urgencias sanitarias garantizan a los usuarios del Sistema Sanitario Público una atención continuada, y para ello:

a) Tratan todo tipo de procesos.
b) Traslada a todos los pacientes al ambulatorio más cercano para su tratamiento.
c) Garantizan a los usuarios una atención sanitaria durante las 24 horas del día.
d) No tienen en cuenta la gravedad del paciente para su asistencia.

2. De las siguientes afirmaciones, ¿cuál de ellas expresa alguna característica propia del término «emergencia»?

a) Es un tipo agravado de urgencia en la que existe un peligro inmediato, real o potencial, para la vida del paciente.
b) Existe peligro de secuelas para el paciente.
c) Suceso que provoca en el organismo una lesión y es de forma fortuita.
d) Suceso que altera el orden normal de las cosas y provoca una gran necesidad de asistencia sanitaria.

3. Se considera «emergencia» a aquella situación que:

a) Supone una pérdida de calidad de vida para la persona y debe ser atendida de forma preferente.
b) Es percibida como tal por el usuario.
c) Supone una amenaza inmediata para la vida o salud de la persona.
d) Es definida como tal por Atención Primaria.

4. De los siguientes uno No es un Servicio de Urgencias y Emergencias Sanitarias; señálalo:

a) SAMU.
b) 091.

c) 112.
d) SOS emergencias.

5. Las Unidades de Urgencias de los Hospitales Generales y Especialidades prestan asistencia:

a) Ambulatoria.
b) Domiciliaria.
c) Especializada.
d) Básica.

6. Un paciente inconsciente que respira:

a) Se deja como está y se avisa a los servicios de emergencias.
b) No hará falta avisar a nadie.
c) Se inicia de forma inmediata las maniobras de RCP.
d) Se coloca en PLS (posición lateral de seguridad).

7. ¿Cuál de las siguientes afirmaciones sobre el boca a boca es falsa?

a) Debemos tapar los orificios nasales.
b) Debemos sellar la boca del paciente con nuestra boca.
c) Se realizarán 2 insuflaciones cada 30 compresiones.
d) Se realizará una insuflación profunda para mejorar la oxigenación.

8. ¿Cuál de las siguientes afirmaciones sobre el masaje cardiaco externo es falsa?

a) Se realiza en el centro del pecho.
b) Se realiza sobre el tercio inferior del esternón.
c) Se realiza con los brazos oblicuos al cuerpo.
d) Se realiza con el talón de la mano.

9. La maniobra de Heimlich la realizaremos en un paciente:

a) Que presente un OVACE incompleto y esté inconsciente.
b) Que presente un OVACE completo y esté consciente.
c) Que presente un OVACE completo y esté inconsciente.
d) Que no pueda respirar con normalidad.

10. Ante una hemorragia debemos:

a) Dar agua para reponer el volumen perdido.
b) Usar un torniquete

c) Hacer compresión sobre la herida.
d) Aplicar calor seco.

11. Los torniquetes están indicados en:

a) Amputaciones.
b) Heridas sangrantes.
c) Hemorragias arteriales.
d) Hemorragias venosas.

12. La cánula de Guedel:

a) Es una cánula orofaríngea.
b) Se utiliza para mantener la vía aérea permeable.
c) Es un tubo de plástico abierto en su interior.
d) Todas las respuestas son ciertas.

13. Es un ritmo desfibrilable:

a) TVSP.
b) Asistolia.
c) Sinusal.
d) Bloqueo completo.

14. Si está indicada la descarga con el desfibrilador semiautomático deberemos estar seguros de que:

a) El ritmo es desfibrilable.
b) El nivel de julios es el correcto.
c) Nadie toca al paciente.
d) El DESA tiene batería.

15. ¿Cuál de las siguientes funciones se considera propias de el/la celador/a en una situación de parada cardiorrespiratoria?

a) Alerta del personal.
b) MCE.
c) Ventilación.
d) Todas las respuestas son ciertas.

16. La intoxicación producida por la acumulación en la sangre de los productos de desecho que suelen ser eliminados por el riñón se denomina:

a) Uremia.
b) Vasculitis.

c) Pielonefritis.
d) Nefritis.

17. Cuando se produce un esguince en una articulación de las extremidades superiores:

a) Se mantendrá elevado dicho miembro.
b) Se aplicará peso sobre ella.
c) Se colocará un cabestrillo.
d) Se aplicarán ondas pulsátiles.

18. En el caso de asma agudo, ¿cómo se debe trasladar al paciente?

a) En posición de decúbito.
b) En posición de fowler con oxigenoterapia.
c) Sin aplicar oxigenoterapia.
d) En posición supina sin elevación.

19. ¿Cuál es un síntoma común de la insuficiencia respiratoria?

a) Hiperventilación.
b) Bradicardia.
c) Disnea.
d) Hipotermia.

20. ¿Cómo se administra el oxígeno en la oxigenoterapia?

a) Solo en estado puro.
b) En mezcla con aire ambiente.
c) A través de inyecciones intravenosas.
d) Mediante administración oral.

21. ¿Qué indica una hemorragia arterial?

a) Sangre de color rojo oscuro que fluye constantemente.
b) Sangre de color rojo brillante que sale a presión.
c) Sangrado en forma de manchas.
d) Hemorragia interna sin salida externa de sangre.

22. ¿Qué medida es prioritaria al tratar a un paciente con insuficiencia respiratoria aguda?

a) Administrar líquidos abundantes.
b) Aplicar oxigenoterapia de forma inmediata.

c) Realizar ejercicios respiratorios intensos.

d) Administrar antibióticos sin diagnóstico previo.

23. En caso de enfermedad pulmonar obstructiva crónica (EPOC) reagudizada, ¿qué es recomendable durante el traslado?

a) Administración de oxígeno a alta concentración.

b) Administración de oxígeno humidificado a moderada concentración.

c) Realizar ejercicios de fuerza respiratoria.

d) Suministrar líquidos por vía oral.

24. ¿Qué precaución se debe tomar al administrar oxigenoterapia?

a) Permitir que el paciente fume para reducir su ansiedad.

b) Usar oxígeno puro en todas las situaciones.

c) Evitar la presencia de llamas o fuentes de ignición cerca.

d) Administrar oxígeno sin monitorizar al paciente.

25. ¿Qué método de administración de oxígeno se utiliza en pacientes que respiran espontáneamente a presión por encima de la atmosférica?

a) Ventilación mecánica invasiva.

b) Presión positiva continua en la vía aérea (CPAP).

c) Ventilación de alta frecuencia.

d) Uso de mascarillas con bolsa reservorio.

En MADTEST tienes **más preguntas de este tema**, y todos tus avances quedan registrados y se reflejan en el ranking.

¡Supera tus límites con MADTEST!

Solución al test n.º 13

1. c) Garantizan a los usuarios una atención sanitaria durante las 24 horas del día.

2. a) Es un tipo agravado de urgencia en la que existe un peligro inmediato, real o potencial, para la vida del paciente.

3. c) Supone una amenaza inmediata para la vida o salud de la persona.

4. b) 091.

5. c) Especializada.

6. d) Se coloca en PLS (posición lateral de seguridad).

7. d) Se realizará una insuflación profunda para mejorar la oxigenación.

8. c) Se realiza con los brazos oblicuos al cuerpo.

9. b) Que presente un OVACE completo y esté consciente.

10. c) Deberemos hacer compresión sobre la herida.

11. a) Amputaciones.

12. d) Todas las respuestas son ciertas.

13. a) TVSP.

14. c) Nadie toca al paciente.

15. d) Todas las respuestas son ciertas.

16. a) Uremia.

17. c) Se colocará un cabestrillo.

18. b) En posición de fowler con oxigenoterapia.

19. c) Disnea.

20. b) En mezcla con aire ambiente.

21. b) Sangre de color rojo brillante que sale a presión.

22. b) Aplicar oxigenoterapia de forma inmediata.

23. b) Administración de oxígeno humidificado a moderada concentración.

24. c) Evitar la presencia de llamas o fuentes de ignición cerca.

25. b) Presión positiva continua en la vía aérea (CPAP).

TEST N.º 14

Material para el transporte sanitario y su utilización. Material de recogida y transporte. Vehículos para el transporte sanitario

1. Señala cuál es un tipo de transporte sanitario dependiendo del carácter del trasporte:

a) Primario, secundario o terciario.
b) Emergente, urgente, demorable.
c) Terrestre, aéreo o marítimo.
d) Público o concertado.

2. Un paciente que se traslada de un centro a otro, bien sea concertado o privado, realiza un transporte:

a) Rutinario.
b) Primario.
c) Secundario.
d) Emergente.

3. ¿En cuál de los siguientes tipos de ambulancias se trasladará de forma ordinaria a un paciente que va a ser sometido a sesión de hemodiálisis?

a) Ambulancia medicalizada.
b) Ambulancia de SVB.
c) Ambulancia de SVA.
d) Ambulancia colectiva.

4. No es un tipo de ambulancia:

a) Las asistenciales.
b) Las colectivas.
c) Las no asistenciales.
d) Las de soporte vital de mantenimiento.

5. Señala cuál de las siguientes no es una ambulancia asistencial:

a) Ambulancia de clase B.
b) Ambulancia que proporciona soporte vital básico y atención sanitaria inicial.
c) Ambulancia de clase A1.
d) Ambulancia de soporte vital avanzado.

6. Señala cuál de las siguientes es una ambulancia de la clase A1:

a) La destinada al trasporte de pacientes en camillas.
b) Las destinadas al transporte colectivo.
c) Las destinadas a proporcionar soporte vital básico.
d) Las destinadas a proporcionar soporte vital avanzado.

7. Las ambulancias de clases A1 y A2 contarán:

a) Con un conductor que esté en posesión del título de formación profesional de técnico en emergencias sanitarias.
b) Con un enfermero que ostente su título universitario.
c) Con un conductor que ostente, como mínimo, el certificado de profesionalidad de transporte sanitario.
d) Con un médico que esté en posesión del título universitario de licenciado en Medicina.

8. ¿En qué posición se pondría a un paciente con una herida en el abdomen?

a) Posición lateral o seguridad.
b) Sedestación.
c) Decúbito supino y piernas flexionadas.
d) Decúbito supino y piernas elevadas.

9. ¿En qué posición se deberá colocar a un enfermo que ha perdido la consciencia y para facilitar la eliminación de secreciones y mantener despejada la vía aérea?

a) Fowler.
b) Tredelenburg.
c) Morestin.
d) Sims.

10. ¿Qué posición de traslado es similar a la posición de Fowler o semifowler y se utiliza sobre todo para trasladar enfermos con patologías respiratorias?

a) Decúbito supino con piernas flexionadas.
b) Posición lateral de seguridad (SIM).
c) Tronco semiincorporado.
d) Decúbito lateral izquierdo.

11. ¿Qué tipo de patología trasladaría en decúbito supino con piernas flexionadas?

a) Pacientes con hipotensión.
b) Enfermos con dolor o traumatismos abdominales.
c) Pacientes embarazadas a partir de los 6 meses.
d) Posibles TCE o fracturas de columna.

12. ¿Qué tipo de patología trasladaría en posición lateral de seguridad (SIM)?

a) Enfermos en los que se sospeche un posible traumatismo medular.
b) Pacientes que puedan realizar un shock hipovolémico por pérdidas hemáticas.
c) Enfermos con patologías respiratorias.
d) Paciente con bajo nivel de consciencia.

13. ¿En qué posición trasladaría a una paciente embarazada de más de 6 meses?

a) Decúbito lateral izquierdo.
b) Tronco semiincorporado.
c) Posición antitrendelenburg.
d) Decúbito supino.

14. ¿En qué posición trasladaría a un paciente que ha sufrido un traumatismo craneoencefálico con posible fractura de la columna?

a) Posición antitrendelenburg.
b) Posición antishock.
c) Posición lateral de seguridad (SIM).
d) Decúbito supino.

15. ¿Cuál de las siguientes posiciones de traslado, cumple la misma función que la posición de Trendelenburg?

a) Tronco semiincorporado.
b) Posición lateral de seguridad (SIM).
c) Posición antishock.
d) Decúbito supino con piernas flexionadas.

17. ¿En qué posición trasladaría a una paciente embarazada que ha sufrido una hemorragia vaginal?

a) Posición antishock (Trendelenburg).
b) Posición lateral de seguridad (SIM).
c) Decúbito supino.
d) Tronco semiincorporado.

18. ¿En qué posición trasladaría a una paciente embarazada con un posible parto inminente?

a) Decúbito supino.
b) Decúbito lateral izquierdo.
c) Posición antitrendelenburg.
d) Tronco semiincorporado.

19. ¿Señale cual de las siguientes recomendaciones no es adecuada en el transporte de pacientes en situaciones especiales?

a) Evitar cambios innecesarios de camillas.
b) Inmovilizar, si procede, columna vertebral y miembros.
c) Colocar al paciente con la cabeza en el sentido contrario de la marcha.
d) Fijar vías venosas y sondas.

20. La posición en la que una paciente está acostada boca arriba se llama:

a) Decúbito prono.
b) Decúbito supino.
c) Posición dorsal.
d) Decúbito lateral.

21. ¿Qué se entiende por transporte sanitario?

a) El traslado de medicamentos a centros de salud.
b) El desplazamiento de personas enfermas o accidentadas en vehículos adecuados.
c) El movimiento interno de personal sanitario.
d) El envío de documentación clínica entre hospitales.

22. ¿Cuál de las siguientes opciones describe un transporte sanitario secundario?

a) El traslado de un paciente desde su domicilio al hospital.
b) El traslado de un hospital a otro para pruebas diagnósticas.
c) El transporte en ambulancia aérea.
d) El desplazamiento de familiares al centro de salud.

23. ¿Qué tipo de transporte sanitario se realiza dentro de un mismo hospital?

a) Primario.
b) Entreprovincial.
c) Terciario.
d) De alta hospitalaria.

24. El transporte urgente se diferencia del emergente en que:

a) Se realiza siempre en helicóptero.
b) No implica riesgo vital inmediato pero requiere prontitud.
c) No necesita profesionales sanitarios.
d) Se utiliza solo en pacientes oncológicos.

25. ¿Cuál es un ejemplo de transporte demorable?

a) Paciente con hemorragia masiva.
b) Traslado a consulta externa programada.
c) Reanimación en vía pública.
d) Urgencia por dolor torácico agudo.

En MADTEST tienes **más preguntas de este tema**, y todos tus avances quedan registrados y se reflejan en el ranking.

¡Supera tus límites con MADTEST!

Solución al test n.º 14

1. a) Primario, secundario o terciario.

2. c) Secundario.

3. d) Ambulancia colectiva.

4. d) Las de soporte vital de mantenimiento.

5. c) Ambulancia de clase A1.

6. a) La destinada al trasporte de pacientes en camillas.

7. c) Con un conductor que ostente, como mínimo, el certificado de profesionalidad de transporte sanitario.

8. c) Decúbito supino y piernas flexionadas.

9. d) Sims.

10. c) Tronco semiincorporado.

11. b) Enfermos con dolor o traumatismos abdominales.

12. d) Paciente con bajo nivel de consciencia.

13. a) Decúbito lateral izquierdo.

14. a) Posición antitrendelenburg.

15. c) Posición antishock.

17. a) Posición antishock (Trendelenburg).

18. b) Decúbito lateral izquierdo.

19. c) Colocar al paciente con la cabeza en el sentido contrario de la marcha.

20. b) Decúbito supino.

21. b) El desplazamiento de personas enfermas o accidentadas en vehículos adecuados.

22. b) El traslado de un hospital a otro para pruebas diagnósticas.

23. c) Terciario.

24. b) No implica riesgo vital inmediato pero requiere prontitud.

25. b) Traslado a consulta externa programada.

Cómo acceder al Curso

Celador/a
Test del temario

El uso de los códigos **es exclusivo de los compradores de los productos de Editorial MAD**. Cada producto posee un código único y de un solo uso. Es personal e intransferible y da acceso a servicios y contenidos adicionales. Editorial MAD se reserva el derecho de hacer cuantas comprobaciones sean necesarias para identificar al legítimo poseedor del código y dejar de dar servicio a quien haga uso fraudulento del mismo, además de emprender cuantas acciones legales estime oportunas según la legislación vigente.

Deberás acceder a:

mad.es/registro-campus

Si una vez aceptadas las condiciones de uso del Campus decides hacer uso del mismo, necesitarás del siguiente código de acceso junto con los códigos del resto de títulos que se exigen (si fuera el caso):

STLHI4UNBG